Alles über die Haysche

# Trennkost

Dr. med Thomas M. Heintze

# Alles über die Haysche Trennkost

FALKEN

# Inhalt

## Theoretischer Teil

# Vorwort

## Richtige Ernährung sorgt für allgemeines Wohlbefinden

In Deutschland verursachen ernährungsbedingte Krankheiten jährlich direkte und indirekte Kosten von fast 80 Milliarden Mark.

Die Gründe für die Entstehung der Erkrankungen sind recht vielfältig – oft sind wir Menschen es selbst, die die Schuld tragen. Nehmen wir zum Beispiel die Ernährung: Jahrtausendelang mußten sich die Menschen ihre Nahrung hart erarbeiten. Dadurch hatten sie zum „täglichen Brot" einen sehr direkten und natürlichen Bezug. Außerdem waren die Lebensmittel früher naturbelassen und nicht industriell bearbeitet. Heute haben wir in unserer Wohlstandsgesellschaft ein Nahrungsmittelangebot, wie es selbst in den Königshäusern früher nicht vorhanden war. Im Supermarkt können wir uns, völlig unabhängig von den Jahreszeiten, Nahrungsmittel aus aller Welt kaufen: Krabben aus Grönland, Lachse aus Norwegen, Kiwis aus Neuseeland, Bananen aus Guatemala, Kokosnüsse von der Elfenbeinküste, um nur einige zu nennen. Wir brauchen uns um die Beschaffung unserer Nahrung keine Sorgen mehr zu machen, wie es früher häufig der Fall war. Das paradiesische Lebensmittelangebot hat jedoch dazu geführt, daß wir uns häufig krank essen: Wir essen zu viel, zu schnell sowie falsch kombiniert und verzehren zu große Mengen an Eiweiß, Fett, Salz und Zucker. Hinzu kommt häufig noch ein Mangel an Vitaminen, Ballaststoffen, Spurenelementen, Mineralstoffen und Vitalstoffen, denn unsere Nahrung hat im Vergleich zu früher an Wert verloren. Hauptverantwortlich dafür ist die industrielle Bearbeitung der Lebensmittel.

Täglich kommen Menschen zu mir in die Klinik, die durch falsche Ernährung krank geworden sind. Bei sehr vielen von ihnen kann sich eine naturgemäße, gesunde Ernährung, wie die Haysche Trennkost, segensreich auswirken, indem sie den Gesundheitszustand dieser Menschen verbessert.

Sie wollen gesund sein, fit, schlank, gut gelaunt und klar im Kopf, sich einfach rundum wohl fühlen? Dann erfahren Sie in diesem Buch die Tricks, wie Sie durch

Trennkost etwas für Körper, Geist und Seele tun können. Allgemeinverständlich wird Ihnen der theoretisch-medizinische Hintergrund erklärt, und Sie verstehen, wie und warum Trennkost funktioniert. An Hand konkreter Beispiele können Sie dann selbst nach dem Trennkostprinzip essen und leben – zu Hause, im Restaurant, im Urlaub. Außerdem erfahren Sie, bei welchen Krankheiten Trennkost die Gesundung positiv beeinflussen kann. Ich wünsche Ihnen von Herzen, daß Sie, nachdem Sie dieses Buch gelesen haben, selbständig und souverän etwas für Ihre Gesundheit tun können.

## Was uns heute gesundheitlich belastet

Sind wir dabei, den Ast abzusägen, auf dem wir sitzen? Das Wasser, das wir trinken, ist häufig durch giftige Industrie- und Haushaltsabwässer verseucht. Die Häuser, in denen wir wohnen, können zu krankmachenden Aufenthaltsorten werden, wenn schadstoffhaltige Baustoffe verwendet wurden. Die Luft, die wir atmen, ist vergiftet durch Industrie- und Autoabgase sowie durch rauchende Mitmenschen. Die Nahrung, die wir essen, ist oft industriell bearbeitet; sie enthält nicht selten Giftstoffe aus Kunstdüngern und Pestiziden, oder sie kann radioaktiv bestrahlt sein. Sie sehen, unsere Existenz ist mit lebensgefährlichen Risiken verbunden.

Wie niemals zuvor in der Geschichte sind wir Menschen durch Chemie und Technik so vielen Fremd- und Schadstoffen ausgesetzt. Die Gifte aus Boden, Wasser, Luft und Nahrung nehmen wir täglich auf. Im Lauf der Zeit können sie sich im Körper anreichern und dadurch viele Lebensfunktionen beeinträchtigen und sogar blockieren, beispielsweise den Stoffwechsel und das Immunsystem. Zwar werden im Körper ständig Zellen repariert, abgebaut und neu aufgebaut, doch unsere Entgiftungs- und Ausgleichsmechanismen sind bei diesen riesigen Fremdstoff- und Giftmengen oft überfordert. Es ist erstaunlich, daß der Organismus häufig trotzdem noch so lange ohne wesentliche Störungen funktioniert. Würde man einen Computer dauernd dermaßen falsch füttern, würde er nur noch „Error" (Irrtum) melden und einfach nicht mehr arbeiten.

Neben mehr als 2500 amtlich zugelassenen Nahrungsmittelzusatzstoffen wirken auch Zusatzstoffe aus Kosmetika und Körperhygieneartikeln sowie täglich neu hinzukommende synthetische Substanzen negativ auf unseren Organismus. Jeder einzelne – auch Sie – belastet seinen Körper zusätzlich, zum Beispiel durch Genußgifte, wie Nikotin und Alkohol, sowie durch Arzneimittel und ungesunde Nahrungsmittel. Zu letzteren gehört insbesondere auch ein Zuviel an Süßigkeiten, Fett und Fleisch. Hier kann jeder selbst etwas ändern, denn Sie allein entscheiden täglich, wann, was, wieviel und wie Sie essen.

Schon die alten Ägypter sagten vor rund 3000 Jahren sinngemäß, von einem Drittel dessen, was der Mensch esse, lebe er, von den restlichen zwei Dritteln lebten die Ärzte. Das sollte uns nachdenklich machen, denn um wieviel mehr gilt diese weise Einsicht heute. Jeder einzelne, auch Sie, kann die Selbstheilungskräfte seines Körpers pflegen und aktivieren sowie die Belastungen von außen entscheidend verringern. Es sollte nicht nur das Auto regelmäßig zur Inspektion, auch für das einwandfreie Funktionieren unseres Organismus können wir eine Menge tun. Einen erfolgreichen Weg dazu zeigt dieses Buch.

Dr. med. Thomas M. Heintze

# Dr. Howard Hay, der „Erfinder" der Trennkost

## Wer war Dr. Hay?

William Howard Hay wurde 1866 in Pennsylvania, USA, geboren. Am 26. März 1891 legte er an der Universität von New York sein medizinisches Staatsexamen ab. Im Laufe der nächsten 16 Jahre praktizierte er als Allgemeinmediziner und Chirurg. Zu seiner persönlichen Fortbildung las er in dieser Zeit nicht nur die Werke der von Universitätsprofessoren vorgeschriebenen Autoren, sondern auch die Bücher anderer Autoren. Er stellte fest, daß unter den verschiedenen Fachleuten wenig Übereinstimmung herrschte, nicht einmal in den Punkten, die damals in der Wissenschaft als gesichert galten.

Wenn nun aber schon die Medizin sich ihrer selbst nicht sicher war, wie sollte sich dann ein Laie bei den Ärzten sicher fühlen können? Der Laie ging üblicherweise vertrauensvoll zum Arzt und hielt fast alles, was dieser ihm sagte, für gut und richtig. Wenigstens pflegte er dies so lange zu glauben, bis das „große Erwachen" kam.

Wenn jedoch die Ärzte in ihren Meinungen selbst nicht übereinstimmten, mußte dann nicht das ganze Verständnis von Krankheit in Frage gestellt werden? Hay kannte zum Beispiel einen Arzt, der Rheumaspezialist war; jedoch sowohl dieser selbst als auch seine Frau litten an Rheuma. Und auch ein anderer Mediziner, Spezialist für Verdauungsstörungen, war mitsamt seiner ganzen Familie Opfer verschiedenster Verdauungsprobleme. Trotz des Wissens um ihre Krankheiten und mögliche Heilungsmethoden konnten sich diese Ärzte nicht selbst helfen.

Im Alter von 41 Jahren hatte Dr. Hay einen schweren gesundheitlichen Zusammenbruch. Er litt an der Brightschen Nierenerkrankung mit Bluthochdruck und schließlich Herzerweiterung. Selbst er als Arzt, der ja beste Möglichkeiten hatte, Spezialisten in Anspruch zu nehmen, mußte hören: „Sie sind unheilbar krank. Sie sollten ihre Angelegenheiten in Ordnung bringen."

Aber Hay gab nicht auf. In den langen Nächten der Schlaflosigkeit und Atemnot dachte er nach und kam zu Entschlüssen, die in einen mutigen Versuch mündeten. Er hatte nämlich den Bericht eines britischen Militärarztes, eines gewissen Oberst McCarrison, gelesen, der von dem Volk der Hunza im Himalaya handelte. Diese Hunza, die im Karakorum (im Nordwesten Pakistans) lebten, ernährten sich ausschließlich von naturbelassenen Lebensmitteln. Die damals in Amerika schon weit verbreiteten Zivilisationskrankheiten waren bei ihnen jedoch völlig unbekannt. Hay stellte daraufhin seine Ernährung grundlegend um: er aß nur noch „fundamental", das heißt, er nahm nur noch die Dinge zu sich, von denen er glaubte, daß sie den Menschen vom Schöpfer zur Nahrung bestimmt seien; und er verzehrte sie in ihrer natürlichen Form. Die Menge war jeweils nicht größer, als es ihm im Augenblick notwendig erschien.

Zum großen Erstaunen der behandelnden Kollegen verschwanden Dr. Hays Beschwerden bald völlig. Nach drei Monaten konnte er wieder ohne Mühe größere Entfernungen zu Fuß zurücklegen. Sein Gewicht sank um knapp 25 kg auf unter 80 kg. Jahre schienen von ihm abzufallen; er fühlte sich jünger und leistungsfähiger als je zuvor. Hay war genesen, obwohl ihn die hervorragendsten Kapazitäten seiner Zeit für unheilbar gehalten hatten.

In den Folgejahren behandelte Dr. Hay mit der von ihm selbst erprobten Methode der Ernährungsumstellung Tausende von Schwerstkranken (darunter auch als unheilbar eingestufte Kranke). Und er erlebte schier unglaubliche Erfolge. Zwar konnten nicht alle Patienten geheilt werden, doch zeigten die Behandlungen in jedem Fall Besserungstendenzen. Nur diejenigen, deren körperlicher Verfall bereits zu weit fortgeschritten war oder die den vorgeschriebenen Eßplan nicht befolgten, wurden nicht vollständig gesund.

1940 starb Dr. Hay im Alter von 74 Jahren, ein Jahr nach einem schweren Unfall. Bis zu diesem war er gesund und sehr leistungsfähig.

## Das Geheimnis von Dr. Hays Erfolg

Aufgrund seiner eigenen Erfahrungen kam Hay zu dem Schluß, daß sich in einem naturgemäß ernährten Körper kaum Krankheiten entwickeln können. Selbst bei bereits bestehenden und sogar fortgeschrittenen Erkrankungen kann sich der Körper erholen, es sei denn, die Zerstörung eines oder mehrerer Hauptorgane ist schon zu groß. Solange der Körper noch in der Lage ist zu genesen, sind drei Dinge zur Gesundung notwendig:

- der Wille, gesund zu werden
- das Wissen um die Methode, mit deren Hilfe man wieder gesund werden kann
- der Verdauungsapparat, um die Ernährungsumstellung durchführen zu können.

Ein schwacher Wille reicht nicht aus, um eine Besserung zu erzielen. Man muß den brennenden Wunsch empfinden, der einen befähigt, alles zu ermöglichen, um gesund zu werden. Diese wichtige Voraussetzung kann keine Klinik, kein Medikament und kein Operationssaal erfüllen. Die Gesundung hängt in diesem Punkt nur vom betroffenen Menschen selbst ab; er muß die Verantwortung für sich übernehmen.

Dr. Hay erlebte Heilungen von vermeintlich unheilbar Kranken, die sich dann besser fühlten als je zuvor in ihrem Leben, sogar besser als in ihrer Kindheit. Sie waren in der Lage, Dinge zu tun, die ihnen vorher nicht möglich gewesen waren. Ihre Ausdauer und Leistungsfähigkeit wurden von Jahr zu Jahr besser, ihre Lebensfreude war so groß wie nie zuvor. Und dies waren keine Ausnahmen, sondern es war vielmehr die Regel, wenn die neue Ernährungsform auf Dauer genau befolgt wurde.

Außer der verbesserten Ernährung war und ist für einen stabilen Gesundheitszustand natürlich eine adäquate Lebensführung notwendig. Dazu gehören angemessene körperliche Betätigungen, wie beispielsweise Bewegung an der frischen Luft und in der Sonne, tiefes Atmen und Schwimmen. Zur Wiedergewinnung der Gesundheit trägt die richtige Ernährung jedoch entscheidend bei. Deshalb verfaßte Dr. Hay, nachdem er jahrzehntelang Erfahrungen gesammelt hatte, ein Buch über diese erfolgreiche Ernährungsform, um so vielen leidenden Menschen den Weg zur Gesundung zeigen zu können.

Jeder einzelne sollte die Ernährungstips von Dr. Hay für sich prüfen; niemand muß ungelesen glauben, was hier gedruckt steht. Probieren Sie es aus, erleben Sie die Wirkung der Trennkost; es wird Sie überzeugen! Wer zunächst nur den einen Gesichtspunkt, nämlich den der Trennung der gewöhnlich zusammen gegessenen Nahrungsmittel, umsetzt (siehe Seite 13), wird eine derart positive Wirkung feststellen, daß er die hier im Ganzen erläuterte Theorie annehmen wird.

Wenn Sie in den Tank Ihres Autos Altöl füllen statt Benzin, werden Sie nicht erwarten, daß der Wagen fährt. Tausende von Menschen essen jedoch qualitativ minderwertige und mit Giftstoffen belastete Nahrungsmittel. Und sie wundern sich dann, wenn sie nicht optimal leistungsfähig sind oder sogar krank werden. Dabei müßte es eigentlich jedem einleuchten, daß bei schlechter Nahrungsqualität und beim Fehlen notwendiger Nahrungsbestandteile zunächst leichtere Störungen, wie zum Beispiel krankhafte Müdigkeit auftreten, die sich später zu handfesten Krankheiten entwickeln können. Deshalb wird in diesem Buch hauptsächlich von der Ernährung und ihrer Beziehung zu Gesundheit, Glück, Leistungsfähigkeit und langem Leben die Rede sein.

Darüber sollen viele andere wesentliche Gesichtspunkte nicht vergessen werden, die natürlich ebenfalls von Bedeutung sind. Dr. Hays Überzeugung war: „Die einzig wahre Behandlung aller Krankheiten ist die Verhinderung ihrer Ursachen.“ Gesunde Lebensführung und gesunde Ernährung bedeuten ja nicht, daß man deshalb auf die wirklichen Freuden des Lebens verzichten muß. Man kann durchaus genußreich essen und trotzdem, wenn man die Grundbegriffe der Ernährung richtig verstanden hat, dabei etwas für seine Gesundheit tun. Aber Sie sollten wissen: Niemand kann für uns essen, niemand kann für uns verdauen.

Dr. Hay vergaß auch nicht, auf die Bedeutung der Gesundheit für eine gute geistige Entwicklung hinzuweisen. Wenn sich Körper und Seele in Harmonie befinden, ist die Voraussetzung für eine angemessene geistige Entwicklung günstiger.

## Kollegenschelte für Dr. Hay

Obwohl jeder leicht den Erfolg von Dr. Hays Ernährungssystem überprüfen konnte, erntete der Arzt eine geballte Ladung Kritik. Die erbittertsten Angriffe kamen von seinen eigenen Kollegen. Diese hatten nämlich nur gelernt, Krankheiten zu behandeln, nicht aber, ihnen vorzubeugen und so deren Entstehung zu verhindern. Deshalb wurden Dr. Hays Lehren als ketzerisch verurteilt. Je mehr dieser von der Richtigkeit seiner Erkenntnisse überzeugt war, um so kritischer wurden seine Kollegen. Ironischerweise fand sich gerade er als Quacksalber denunziert, der bei Patienten (die von den höchsten medizinischen Autoritäten bereits aufgegeben worden waren) erstaunliche Erfolge erzielt hatte. Es war eine frustrierende Situation. Dr. Hay hatte nicht nur eine neue Heilungsmethode entwickelt, er konnte auch ihre Gültigkeit beweisen – und doch traf er nur auf blankes Mißtrauen und Unverständnis. Die Medizin war einfach noch nicht reif für Dr. Hays Konzept.

Seinerzeit glaubten viele Menschen an Wunderdrogen; man meinte, es gäbe gegen jede Krankheit eine Pille. Insofern schien es nicht nötig, dem Körper mit gesunder Ernährung zu helfen. Aber Hay war couragiert genug, sich zu verteidigen und klar für seine Sache einzutreten.

## Der Durchbruch in Europa

Erstaunlicherweise gab es in England und Schottland viele Ärzte, die Dr. Hays Vorträge gehört hatten und seiner Lehre in allen Punkten zustimmten. Ja, sie nannten sich sogar „Anwender des Hay-Systems". Viele äußerten darüber hinaus, daß sie Erfolge erzielt hätten, welche ohne die Anwendung des Hay-Systems nicht möglich gewesen wären.

In Deutschland war es der Arzt Dr. Heinrich Ludwig Walb, der die Bücher des Amerikaners Dr. Howard Hay studierte und die von ihm empfohlene Ernährungsform bekanntmachte. Er gab ihr auch den Namen „Trennkost".

Im Frühjahr 1989 trat ich als Klinikchef und Buchautor die Nachfolge des „Trennkostpapstes" Dr. Walb (so der Spiegel im Juni 1991) an. Zwei Jahre konnte ich mit diesem vorbildlichen Menschen und charismatischen Arzt noch zusammenarbeiten, bevor dieser verstarb. So habe ich von ihm sehr viel lernen und von seinen jahrzehntelangen Erfahrungen profitieren können. Ich verdanke Herrn Dr. Walb sehr, sehr viel. Er war ein Mensch mit Gott- und Selbstvertrauen, Humor, großem Wissen und überragendem Können sowie tiefer Güte, menschlicher Größe, und vor allem – mit viel Herz. Ein Mensch, der Liebe gelebt hat.

# Die Trennkostphilosophie

Für das Funktionieren unseres Körpers sind drei Dinge besonders wichtig: Ernährung, Stoffwechsel und Ausscheidung. Wenn wir unseren Körper beispielsweise mit einem Kohleofen vergleichen, so ist die Nahrung der Brennstoff, der Stoffwechsel die Verbrennung und die Ausscheidung das Abführen der Schlackenstoffe. Bei zu wenig, zu viel oder ungeeigneter Nahrung, bei schlechter Verbrennung aufgrund einer Verlangsamung des Stoffwechsels oder bei ungenügender Ausscheidung bleiben die Schlacken- oder Giftstoffe, die eigentlich ausgeschieden werden müssen, im Körper. Sie bewirken Unwohlsein und zeigen so ein gestörtes Gleichgewicht an. Wenn wir diese Signale des Körpers nicht beachten, ist die Leistungsfähigkeit unserer Ausscheidungsorgane (Leber, Nieren, Darm, Lunge und Haut) bald erschöpft. Es stellen sich dann allgemeine Vergiftungserscheinungen ein:

Anzeichen für eine Funktionsstörung des Gehirns können beispielsweise ein schlechtes Gedächtnis, Unentschlossenheit und Konzentrationsstörungen sein.

Auch das Gefühlsleben wird negativ beeinflußt, was sich zum Beispiel in Überdruß, Depressionen, mangelndem Unternehmungsgeist, schlechter Laune und in Angst äußern kann.

Zu den körperlichen Symptomen können beispielsweise geschwollene oder verklebte Augenlider, gerötete Augen, getrübte Sicht, das Bedürfnis, sich auszuschnupfen, verstopfte Nase, klebriger oder trockener Mund, Zungenbelag und Husten zählen. Weitere Beschwerden können sein: Kopf-, Bauch- oder andere Schmerzen; Steifheit und Schwere der Glieder, Schwäche und Schmerzen in den Gelenken und Muskeln, Haut- und Haarprobleme sowie Schwindel und allgemeine Müdigkeit.

Gestützt auf diese Beobachtungen und die Erfahrung der eigenen erfolgreichen Heilung und der vieler anderer Patienten entwickelte Hay seine Theorie: Nur durch eine naturgemäße Ernährung können dem Körper alle notwendigen Nährstoffe zugeführt werden. So kann der Organismus dann optimal arbeiten, und der Stoffwechsel wird entlastet. Durch gesunde Ernährung, wie sie beispielsweise die Trennkost darstellt, können daher viele Menschen allmählich wieder gesund werden. Ihre Alterungsprozesse können verlangsamt und ihr Befinden sowie ihre Leistungsfähigkeit verbessert werden.

## Was ist Trennkost?

Die Trennkost ist eine überwiegend laktovegetabile Ernährungsform. Das heißt, der Großteil der täglichen Nahrung besteht aus Salat, Gemüse und Obst, der durch Milch und Milchprodukte ergänzt wird. Fleisch und Fisch sowie kohlenhydratreiche Nahrungsmittel, also Brot, Reis, Kartoffeln und Nudeln, gehören ebenfalls zur Trennkost, werden jedoch in kleinen Mengen verzehrt.

Diese beschriebene Kostform resultiert aus den zwei wichtigen Grundregeln der Trennkost:

1. Eiweiß und Kohlenhydrate getrennt verzehren.
2. Das Säure-Basen-Gleichgewicht im Körper stabil halten.

Mehr zu diesen Grundregeln erfahren Sie auf den folgenden Seiten. Übrigens, die Trennkost hat ihren Namen daher, weil bei den einzelnen Mahlzeiten sehr eiweißreiche Lebensmittel, zum Beispiel Fleisch und Fisch, nicht gemeinsam mit sehr kohlenhydratreichen, also zum Beispiel Reis oder Kartoffeln, gegessen werden (1. Grundregel). Man verzehrt sie zeitversetzt zu verschiedenen Mahlzeiten und somit getrennt.

Obwohl das Wort „Trennung" meist einen unangenehmen Beigeschmack hat, ist die Trennkost trotz ihres Namens eine positiv zu bewertende Kostform, die einfach durchzuführen ist.

## Die Trennung von Eiweiß und Kohlenhydraten

Betrachten wir einmal die Verdauungsvorgänge in unserem Körper: Die Nahrung, die wir zu uns nehmen, wird im Verdauungstrakt mit Hilfe von Verdauungssäften und Enzymen in kleinste Bausteine aufgespalten. Diese gelangen dann vom Darm in die Leber. Dort setzt unser Körper die Bausteine entweder nach eigenem Muster zusammen oder baut sie ganz ab, um Energie zu gewinnen.

### Die Kohlenhydratverdauung

Die Verdauung der Kohlenhydrate aus der Nahrung beginnt im Mund. Verantwortlich dafür ist das Enzym Amylase, welches aus den Speicheldrüsen in die Mundhöhle gelangt. Es spaltet die in der Nahrung vorkommende Stärke (ein komplexes Kohlenhydrat) in kleine Bestandteile auf und benötigt dafür ein leicht basisches Milieu. Ist dieses nicht gegeben, kann die Amylase nicht optimal arbeiten; das heißt, die Stärke gelangt kaum gespalten (also fast unverdaut) in den Magen und den Dünndarm. Ißt man beispielsweise gekochte Kartoffeln (sie enthalten viel Stärke) zusammen mit saurem Obst, dann kann die Amylase laut Dr. Hay nicht optimal wirken, da in der Mundhöhle durch die Fruchtsäuren nicht mehr das leicht basische Milieu herrscht.

Auch im Dünndarm wird Stärke mit Hilfe von Amylase verdaut, die aus der Bauchspeicheldrüse stammt. Ist das Milieu im Darm nicht leicht basisch, kann es auch hier zu einer Beeinträchtigung der Verdauung kommen. Die Folgen sind Gärungsvorgänge mit Gasbildung. Hinzu kommt häufig, daß viele Menschen eine unphysiologisch (unnormal) zusammengesetzte Darmflora (Darmbakterien) haben. Diese Tatsache zusammen mit den Gärungsvorgängen im Darm bewirkt das vielen von uns bekannte Völlegefühl nach dem Essen sowie belastende und quälende Blähungen.

### Die Eiweißverdauung

Die Eiweißverdauung beginnt bei uns im Magen. Verantwortlich dafür sind das Enzym Pepsin sowie Salzsäure. Damit die Verdauung optimal ablaufen kann, muß das Milieu im Magen sehr sauer sein. Ißt man nun beispielsweise ein eiweißreiches Lebensmittel, wie zum Beispiel Fleisch oder Fisch, zusammen mit einem kohlenhydratreichen, zum Beispiel Kartoffeln, dann kann die Verdauung laut Dr. Hay nicht optimal funktionieren, da beide Enzyme (Amylase und Pepsin) ein unterschiedliches Milieu brauchen (Amylase ein leicht basisches und Pepsin ein sehr saures). Dem Körper wird die Verdauungsarbeit so unmäßig erschwert. Die Folgen kennen wir alle aus eigener Erfahrung. Es ist nämlich das Gefühl der Müdigkeit, das wir oft nach dem Essen haben. Nach einer trennkostgerechten Mahlzeit (die entweder nur eiweißreiche oder kohlenhydratreiche Lebensmittel enthält) werden Sie verblüfft feststellen, daß diese Müdigkeit ausbleibt.

Um nun die Verdauungsorgane zu entlasten, riet Dr. Hay, bei den jeweiligen Mahlzeiten eiweißreiche Lebensmittel (wie Fleisch und Fisch) nicht zusammen mit kohlenhydrathaltigen Lebensmitteln (wie Kartoffeln, Reis, Nudeln oder Brot) zu essen. Sie erinnern sich, dies ist eines der Trennkostprinzipien (siehe Seite 12).

Eine hundertprozentige Trennung von Eiweißen und Kohlenhydraten in einer Mahlzeit ist jedoch weder möglich noch notwendig. Bereits durch die Trennung der Extreme wird der Verdauungstrakt entlastet. Die Verdauung ist besser.

Wie die Trennung bestimmter Lebensmittel nun im Alltag funktioniert, erfahren Sie im Kapitel „Die Trennkost in der Praxis“ auf den Seiten 46 bis 53.

## Die Erhaltung des Säure-Basen-Gleichgewichts

### Woher kommen die Säuren und Basen im Körper?

Säuren und Basen können dem Körper entweder von außen über die Nahrung zugeführt werden oder sie fallen im Rahmen des Stoffwechsels im Organismus selbst an. All diese Säuren und Basen gehen in die Bilanz des Organismus ein.

Da unser Körper nur dann überleben kann, wenn zwischen Säuren und Basen ein Gleichgewicht besteht, verfügt er über bestimmte Regelmechanismen, sogenannte Pufferysteme, die immer wieder für einen Ausgleich sorgen. Dennoch können, so Dr. Hay, bestimmte Faktoren den Körper so belasten, daß die Puffersysteme nicht mehr funktionieren. Neben falscher Lebensführung kann eine ungünstige Ernährungsweise ein solcher Faktor sein.

### Ernährung und Säure-Basen-Haushalt

Die Lebensmittel, die wir essen, werden im Körper unterschiedlich verstoffwechselt. Aus den einen entstehen Säuren (man bezeichnet diese dann als „Säurebildner"), aus den anderen Basen (diese Lebensmittel bezeichnet man als „Basenbildner").

Welche Nahrungsmittel nun zu den Säure- und welche zu den Basenbildnern gehören, darüber gibt es verschiedene Literaturangaben, die sich leider teilweise widersprechen. Das kann aber daher kommen, daß, bedingt durch die Art des Anbaus, die Verarbeitung, das Alter und die Zubereitungsart von Lebensmitteln, unterschiedlich viel Säuren und Basen im Körper gebildet werden. Übereinstimmung herrscht jedoch bei allen Quellen darüber, daß gegarte Lebensmittel eher säurebildend sind als rohe.

Die folgende kleine Tabelle soll Ihnen einen Überblick über die Wirkung verschiedener Lebensmittel auf den Säure-Basen-Haushalt geben:

**Einteilung der Lebensmittelgruppen in Säure- und Basenbildner (zusammengestellt nach dem Mineralstoff- und Wassergehalt, Urin-pH-Wert und anderen Kriterien)**

| | |
|---|---|
| stark säurebildend | Fleisch, Wurst, Fisch, Eier, Käse, Süßwaren, Weißmehlprodukte, Alkohol und Kaffee |
| schwach säurebildend | Quark, Sahne, Nüsse und Vollkornprodukte |
| schwach basenbildend | Trockenobst, Rohmilch und Pilze |
| stark basenbildend | Gemüse, frisches Obst, Kartoffeln und Blattsalat |

**Bei den Lebensmitteln unterscheidet man zwischen stark säurebildenden (im Bild oben), schwach säurebildenden (im Bild rechts), schwach basenbildenden (im Bild unten) und stark basenbildenden (im Bild links)**

Generell kann man sagen, daß sowohl Lebensmittel, die überwiegend aus Eiweiß bestehen, als auch solche, die sehr kohlenhydratreich sind, säurebildend wirken. Außerdem fällt auf, daß gerade tierische Lebensmittel säurebildend sind, und pflanzliche Lebensmittel, wie Obst, Gemüse und Salat, hingegen eher basenbildenden Charakter haben. Die Tatsache, daß der Urin-pH-Wert von Vegetariern basischer ist als der von Mischköstlern (die auch Fleisch und Fisch essen), untermauert diese Theorie. Die basenbildende Wirkung der vegetarischen Kost wird dabei auf den hohen Gehalt der Nahrung an den Mineralstoffen Kalium, Kalzium, Magnesium und Natrium zurückgeführt. Außerdem haben groß angelegte Studien gezeigt, daß Vegetarier meist gesünder sind als andere; sie leiden weniger häufig an Krebs, haben seltener Herzinfarkte und oft bessere Blutfettwerte, brauchen weniger Medikamente und haben weniger Schmerzen.

Bis auf wenige Ausnahmen, wie Bohnen und Erbsen, bietet uns die Natur Lebensmittel, die entweder überwiegend aus Eiweiß oder überwiegend aus Kohlenhydraten bestehen. Eine dritte Gruppe von Lebensmitteln enthält weder viel Eiweiß noch viele Kohlenhydrate. Aus diesem Grund stufte Dr. Hay diese Gruppe als neutral ein.

Zu dieser Gruppe gehören beispielsweise pflanzliche Fette und Öle, tierische Fette, gesäuerte Milchprodukte und Käse mit mehr als 60% Fett i. Tr. sowie Gemüse, Salat, Nüsse und Gewürze.

Zu den Nahrungsmitteln, die überwiegend Protein, also Eiweiß, enthalten, gehören zum Beispiel Fleisch, Fisch, Meeresfrüchte, ungesäuerte Milch und Käse bis 50% Fett i. Tr.

Zu den vorwiegend Kohlenhydrate (Stärke und Zucker) enthaltenden Lebensmitteln gehören zum einen stärkehaltige Lebensmittel, wie Vollkorngetreide, Vollkornmehl, Vollkornbrot, Vollkornnudeln, Kartoffeln, Naturreis und Topinambur, und zum anderen überwiegend zuckerhaltige Lebensmittel, wie Bienenhonig, Datteln und Feigen.

Mehr zur Einteilung der Lebensmittel erfahren Sie im großen Trennungsplan auf den Seiten 48 und 49 dieses Buches.

Wie geht unser Körper nun mit den von ihm gebildeten Säuren um?

Bei der Verstoffwechselung von kohlenhydratreichen Lebensmitteln fällt viel Kohlensäure ($H_2Co_3$) an. Diese wird in den Körperflüssigkeiten zur Lunge transportiert und dort abgeatmet. Bis dahin verbleibt der Säureüberschuß jedoch im Körper.

Dieser Mechanismus sei anhand eines Beispiels erläutert: Sie machen einen 100-m-Sprint. Während des Laufes – aber auch eine Zeitlang danach – atmen Sie schneller und tiefer als gewöhnlich. Warum? Während des Laufes gehen Sie eine sogenannte „Sauerstoffschuld" ein, da der enorme Sauerstoffbedarf der großen Muskelgruppen trotz der verstärkten Durchblutung nicht gedeckt werden kann. Zur Energiegewinnung schaltet der Körper daher auf die sogenannte anaerobe Glykolyse (Energiegewinnung ohne Sauerstoff) um. Dabei entsteht Milchsäure. Dieser Säureüberschuß muß durch ein vermehrtes Abatmen von Kohlensäure in Form von Kohlendioxid ausgeglichen werden. Aus diesem Grund atmet man während des Sprints und auch noch danach ganz intuitiv schneller und tiefer.

Im Rahmen der Verstoffwechselung von Eiweiß werden zum größten Teil Harnstoff und Harnsäure gebildet. Diese bleiben bis zum Zeitpunkt der Ausscheidung über die Niere im Körper und verschieben das Säure-Basen-Gleichgewicht ins Saure. Wenn dann bei bereits saurem Gewebe vor der Ausscheidung des Säureüberschusses erneut Säuren über die Nahrung zugeführt werden, übersäuert der Körper immer mehr.

Harnstoff enthält das chemische Element Stickstoff (N), das zu einem kleinen Teil durch die Niere in Form von basisch reagierendem Ammoniak ($NH_3$) ausgeschieden wird. Dieses geschieht zusammen mit überschüssigen $H^+$-Ionen (siehe Seite 17) als $NH_4^+$, so daß zu viel vorhandene Säuren entsorgt werden können.

Eine andere Gruppe von ausscheidungspflichtigen Säuren entsteht im Stoffwechsel aus schwefel- und phosphorhaltigen Nahrungsmitteln, wie beispielsweise Fleisch. Jedoch findet sich Phosphat auch als Zusatzstoff in Colagetränken sowie in Fleisch- und Wurstwaren. Das heißt, auch diese Lebensmittel wirken im Körper säurebildend.

Verzehrt man überwiegend säurebildende Lebensmittel, dann kann es, so Dr. Hay, zu einer Übersäuerung des Körpers kommen. Diese ist seiner Meinung nach die Hauptursache für die Entstehung zahlreicher Krankheiten.

Das bisher Beschriebene ist nur ein Mechanismus, wie sich die Ernährung auf den Säure-Basen-Haushalt auswirken kann. Dr. Hay fand noch weitere Zusammenhänge zwischen Ernährungsweise und Übersäuerung des Körpers. Diese sind nachfolgend kurz beschrieben.

An erster Stelle ist dabei der Verzehr von nicht naturbelassenen Nahrungsmitteln zu nennen. Industriell aufbereitete kohlenhydratreiche Nahrungsmittel, wie Auszugsmehl (weißes Mehl), weißer Zucker etc., werden im Körper nämlich zu Kohlensäure abgebaut. Für die Verdauung dieser säurebildenden Lebensmittel werden gleichzeitig basenbildende Mineralstoffe (Kalzium, Magnesium, Kalium, Natrium, Eisen) und B-Vitamine benötigt. Diese sollten eigentlich das Säure-Basen-Gleichgewicht erhalten. Da sie aber beim Verstoffwechseln von z. B. Weißmehl und Zucker verbraucht werden, können sie ihre Aufgabe nicht mehr erfüllen.

Auch durch Verstopfung kann es zu einer Übersäuerung kommen. In Deutschland leidet fast ein Drittel aller Frauen an der verzögerten Verdauung. Diese ist oft die Folge einer falschen Lebensmittelzusammenstellung und einer zu geringen Ballaststoffzufuhr. Durch Verstopfung kann es im Darm zu Fäulnis und Gärung kommen, durch die Giftstoffe, Fuselalkohole und Säuren sowie krebserregende Substanzen entstehen können. Ein gleichzeitig wirkender, starker Schutz gegen die entstehenden Säuren und Basen durch Puffer im Blut ist nicht möglich. Von Natur aus ist der Mensch jedoch besser gegen einen Säure- als gegen einen Basenangriff geschützt.

Als letztes ist noch die falsche Kombination von Lebensmitteln als mögliche Ursache für die Übersäuerung anzuführen. Diese belastet die Verdauungsorgane nachweislich und verzögert die Verdauung. Das wies der berühmte russische Physiologe Iwan Pawlow an Hunden nach. Und wie Sie eben schon erfahren haben, ist eine verzögerte Verdauung mitverantwortlich für die Entstehung von Säuren. Laut Dr. Hay bauen aber viele, besonders junge, Menschen eine Toleranz gegenüber unverträglichen Nahrungsmittelkombinationen und wachsenden Giftdosen auf. Das heißt, sie haben bei dieser Belastung anfangs nur wenige Beschwerden. Dies geht jedoch auf Kosten ihrer Vitalität.

**Beim Sport entstehen im Körper Säuren. Durch vermehrtes und tiefes Atmen kann dieser Säureüberschuß aber wieder ausgeglichen werden**

## Übersäuerung

Säuren haben im Körper ganz bestimmte Aufgaben, von denen nachfolgend einige beschrieben sind:

- Die im schwer arbeitenden Muskel entstehende Milchsäure und Kohlensäure ruft das Müdigkeitsgefühl hervor, welches uns daran erinnert, rechtzeitig mit der körperlichen Bewegung aufzuhören.
- Säure bewirkt an freien Nervenendigungen Schmerz. Dies ist ein wichtiges Warnsignal, denn der Schmerz weist darauf hin, daß etwas im Körper nicht in Ordnung ist.
- Ein Anstieg der Kohlensäure im Blut wirkt auf unser Atemzentrum, so daß dann durch tiefere Atmung vermehrt Kohlensäure abgeatmet wird, um das Säure-Basen-Gleichgewicht wieder herzustellen.

Im Übermaß im Körper vorhandene Säuren, also eine Übersäuerung, kann sich jedoch negativ auf unseren Organismus auswirken. Dies wurde schon früh von Wissenschaftlern erkannt.

Bereits 1940 zeigten Professor Hoff und andere, daß eine Stoffwechselverschiebung zum Sauren hin zu depressiven Stimmungen führen kann. „Ich bin sauer", sagt man in intuitiver Erkenntnis dieser Tatsache. Umgekehrt löst ein mehr basischer Stoffwechselzustand eine freudige Stimmung aus. Außerdem kann eine länger anhaltende leichte Übersäuerung des Blutes zum Abbau von Knochensubstanz führen. Wenn der Körper die Säuren im Blut nämlich nicht mehr abpuffern kann, holt er sich aus der Basenreserve im Skelett die zur Pufferung notwendigen Mineralien. So kann es allmählich zu einer Knochenentkalkung (Osteoporose) kommen.

## Die pH-Werte im Organismus

Die Lebensvorgänge in einem Organismus sind abhängig von einem gewissen inneren Milieu. Viele Regelkreise sorgen dafür, daß diese unerläßlichen Bedingungen trotz unterschiedlicher Nahrungszufuhr und vielfältiger anderer Einflüsse konstant bleiben.

Der sogenannte pH-Wert (potentia hydrogenii = Wasserstoff-Stärke) ist die Maßzahl für den basischen oder sauren Charakter einer Lösung. Darin wird das logarithmische Verhältnis von Säuren in Form von $H^+$-Ionen (also Wasserstoffprotonen) zu Basen in Form von $OH^-$-Ionen (also Hydroxylionen) angegeben. Der pH-Wert kann zwischen 0 und 14 liegen. Ein pH-Wert von 7 zeigt den Neutralpunkt für destilliertes Wasser an. Dieses ist weder basisch noch sauer. Niedrigere pH-Werte zeigen ein zunehmend saures, höhere Werte ein zunehmend alkalisches beziehungsweise basisches Milieu an. Der relativ einfach meßbare pH-Wert des Blutes ist eine der Meßgrößen, die zur Kontrolle des Säure-Basen-Haushaltes im Körper herangezogen werden. Ein fein abgestimmtes Puffersystem und das Zusammenspiel von Lunge, Nieren, Leber und Bindegewebe sorgen dafür, daß die Säure-Basen-Verhältnisse im Blut zwischen einem pH-Wert von 7,36 und 7,44 konstant gehalten werden. Erfolgt eine Verschiebung des Säure-Basen-Verhältnisses über diese Grenzen hinaus nach oben oder unten, kann das unter Umständen lebensgefährlich werden.

Die Normwerte im Blut schwanken also, wie gesagt, um 7,4. Sie liegen somit im leicht alkalischen Bereich.

Lebensgefährlich sind pH-Werte unter 7,0 beziehungsweise über 7,7.

Im Gegensatz zum Blut ist der pH-Wert in den Zellen unseres Körpers niedriger, er schwankt zwischen 6,8 und 7,0. Die Körperzellen müssen ein Zuviel an Säuren oder Basen schnell ausgleichen. Sie geben überschüssige Säuren und Basen nach außen in das alle Zellen umgebende Bindegewebe ab, von wo diese in die Lymphbahnen und schließlich ins Blut gelangen. Das Blut ist für die Entsorgung zuständig, sorgt jedoch auch für den Austausch von Säuren und Basen zwischen den Organen. Säuren respektive Basen aus dem Blut werden über den Urin ausgeschieden. Deshalb zieht man auch den pH-Wert des Urins als Anzeiger des Säure-Basen-Gleichgewichts heran.

Man muß sich freilich über die begrenzte Aussagefähigkeit des Urin-pH-Wertes klar sein, denn mit diesem werden nur die freien Säuren erfaßt, nicht die an Puffer gebundenen. Der Säuregehalt des Urins läßt sich zwar auch durch Titration bestimmen, doch selbst dann hat man noch nicht den gesamten Säuregehalt, da sich der Körper ja auch über den Schweiß und den Stuhl überflüssiger Säuren entledigen kann. Deshalb läßt sich der Gesamt-Säure-Basen-Zustand im Organismus über den Urin-pH-Wert lediglich grob beurteilen.

## Der Säure-Basen-Haushalt des Blutes

Wie schon erwähnt, hält unser Körper das Verhältnis der Säuren zu den Basen durch verschiedene Puffersysteme im Gleichgewicht. Im Blut ist dies der Kohlendioxid-Bikarbonat-Puffer. Mit seiner Hilfe können sowohl überschüssige Säuren als auch überschüssige Basen neutralisiert werden. Über die Lunge ist der Körper in der Lage, überschüssige Kohlensäure in Form von Kohlendioxid abzuatmen.

Durch vertieftes und beschleunigtes Atmen kann jedoch zuviel Kohlendioxid abgegeben werden. Es kommt dann zu einer Alkalose, das heißt zu einem Basenüberschuß im Körper. Sie kennen diesen Effekt, wenn Sie mit eigener Lungenkraft eine Luftmatratze aufblasen. Dann setzen leicht Atemnot und ein Schwindelgefühl ein. Auch bei bewußter oder unbewußter Angst kann durch ein zu schnelles und zu tiefes Atmen zuviel Kohlendioxid nach außen abgegeben werden, was zu den genannten Beschwerden, aber auch zu Kribbeln, Taubheit und Verkrampfungen der Hände führen kann. Dies nennt man Hyperventilationstetanie. Durch ruhiges und langsames Atmen, unter Umständen unterstützt durch die Rückatmung der verbrauchten ausgeatmeten Luft (und so auch des Kohlendioxids) aus einem vor den Mund gehaltenen Plastikbeutel, läßt sich dieser Zustand jedoch wieder normalisieren.

Das Hämoglobin (der rote Blutfarbstoff), verschiedene Blutplasmaeiweiße und Phosphate stellen weitere Puffersysteme des Blutes dar.

## Die Rolle des Bindegewebes im Säure-Basen-Haushalt

Eine Vielzahl unterschiedlicher Krankheiten, darunter vor allem auch rheumatische Erkrankungen, führt man auf Störungen des Bindegewebsstoffwechsels zurück. Die Erfahrung ganzheitlich arbeitender Ärzte zeigt jedoch, daß auch viele andere Zivilisationskrankheiten, wie Herzinfarkt und Schlaganfall, aber auch Krebs, Kopfschmerzen und psychische Veränderungen möglicherweise auf eine Übersäuerung des Organismus zurückzuführen sind. Leider werden die Störungen des Säure-Basen-Haushaltes bisher oft nur über eine Veränderung des Blut-pH-Wertes nachgewiesen. Das heißt, ist der pH-Wert des Blutes im normalen Bereich, dürfte keine Übersäuerung des Körpers bestehen. Den Nachweis nur mit Hilfe dieses Parameters zu führen, halten jedoch viele ganzheitlich arbeitende Ärzte für unzureichend, denn der Blut-pH-Wert sagt nichts über den Gesamtsäuregehalt des Körpers aus.

Die Übersäuerung des Körpers, von F. Sander als latente Azidose (verborgene Gewebsübersäuerung bei normalen Blut-pH-Werten) bezeichnet, ergibt sich aus überschüssigen Säuren, die sich auf dem Weg von den Zellen zum Blut oder umgekehrt gerade im Bindegewebe befinden.

Durch eine gesunde Ernährung, die einen Überschuß an sogenannten Basenbildnern gewährleistet, wie sie in Salat, Gemüse und Obst vorkommen, kann der Körper entsäuert werden. Heilungsvorgänge werden begünstigt, Krankheiten wird vorgebeugt. Natürlich kann man sich auch direkt Basen zuführen, zum Beispiel in Form von Natriumbikarbonat (doppelt kohlensaures Salz). Es gibt verschiedene, recht preiswerte Fertigpräparate auf dem Markt. Fragen Sie dazu aber gezielt bei Ihrem Arzt und beim Apotheker nach.

**Körperliche Bewegung hilft unserem Körper, Säureüberschüsse abzubauen**

## Richtige Ernährung und Bewegung helfen gegen Übersäuerung

Aus der aktuellen schulmedizinischen Literatur über den Säure-Basen-Haushalt ergeben sich folgende wesentliche Erkenntnisse: Man kann sowohl über die Ernährung als auch durch körperliche Bewegung die Säure-Basen-Verhältnisse im Körper beeinflussen. Sport sowie jede andere Form körperlicher Betätigung helfen, Säureüberschüsse abzubauen. Auch basenbildende Nahrung, wie Obst, Gemüse und Salat, wirkt in diese Richtung. Ißt man hingegen säurebildende Lebensmittel, so kann dies beispielsweise Kalzium aus dem Knochen mobilisieren, das dann mit Stuhl und Urin ausgeschieden wird. Mögliche Folgen dieses Kalziummangels sind Karies, Osteoporose (Knochenentkalkung) und gehäuftes Auftreten von kalziumhaltigen Nierensteinen.

Eine streng vegetarische Kost ohne Fleisch, Fisch, Eier und Milchprodukte ist basenbildender als eine vegetarische Ernährung, bei der Milchprodukte und Eier verzehrt werden dürfen. Letztere ist wiederum basenbildender als normale Mischkost mit Milch, Eiern, Fleisch und Fisch.

Unter dem wichtigen Blickwinkel des Säure-Basen-Haushalts kann man so die Ernährung beurteilen. Darüber darf man jedoch nicht den Blick für das Ganze verlieren, was auch Dr. Hay immer wieder betonte. Säuren, Basen, Mineralien und Elektromagnetismus sind aufs Engste miteinander verwoben. Dies kann man mit Hilfe der Bioelektronik nach Vincent durch Messungen zeigen.

Wie weit Dr. Hay mit seinem ganzheitlichen Denkansatz den Kollegen seiner Zeit voraus war, mögen verschiedene seiner Zitate illustrieren:

- Betreffend des Übergewichts sagte er:
  „Iß nie etwas, wenn Du nicht wirklich hungrig bist."
- Zu Infektionskrankheiten, wie etwa Schnupfen, sagte er:
  „Schnupfen fängt man sich nicht (englisch: to catch a cold), man holt ihn sich am Eßtisch und nicht anders. Jeder Schnupfen zeigt nur die Anstrengungen des Körpers, das Haus zu reinigen."
- Und über Zahnkrankheiten:
  „Kümmere dich um den ganzen Menschen, und die Zähne werden sich um sich selbst kümmern – mit oder ohne Zahnbürste."
- Schließlich zu Krebserkrankungen:
  „Ist es möglich, daß die Krebsursache in unserer Abwendung von der natürlichen Ernährung zu suchen ist?"

Das war 1927! Hays Äußerungen sind von schockierender Aktualität, sagte er doch auch: „Wir verschwenden unsere Zeit damit, Symptome zu behandeln, statt die Ursachen zu beseitigen."

## Ein Einwand der Schulmedizin zur Übersäuerung

Einige Schulmediziner behaupten, daß es eine Übersäuerung durch Ernährung gar nicht gebe. Der Körper sei in der Lage, das Säure-Basen-Gleichgewicht durch Abpuffern aufrechtzuerhalten. So werde zum Beispiel über die Lunge Kohlendioxid abgeatmet, und die Niere scheide übriggebliebene Säuren direkt oder in Form leicht löslicher Salze aus.

Das stimmt so zwar, aber auch Nieren können bei ihrem Säureexport überfordert werden. Eine Übersäuerung im Gewebe und in den Zellen selbst können die Nieren nämlich nicht direkt wahrnehmen. Irgendwann, das kann natürlich unterschiedlich lange dauern, ist die Ausgleichsfähigkeit des Organismus gegenüber Säuren erschöpft.

Vielen Schulmedizinern ist das System der Grundregulation, das Bindegewebe in seiner Funktion als sogenannte „Vorniere", gar nicht bekannt. Sie kennen zwar den Säure-Basen-Haushalt des Blutes sowie die intensivmedizinischen Begriffe. Aber das Blut kann die mitunter stoßweise in Massen anfallenden, sowohl von außen zugeführten als auch im Organismus selbst gebildeten, Säuren nicht sofort puffern, und der Organismus kann auch nicht sofort ausgleichen. Deshalb nimmt das Bindegewebe die Säuren oder Basen auf und gibt sie, je nach Ausscheidungskapazität von Lunge, Nieren und Leber, erst allmählich wieder ab. Das Blut dient dabei als Transportmittel.

Der Wissenschaftler F. Sander hat durch seine Forschungen herausgearbeitet, daß eine latente (verborgene) Übersäuerung im Gewebe bei noch normaler Alkali(Basen)reserve und normalem Säure-Basen-Zustand bereits den Weg für viele Krankheiten im Organismus bahnt. So bewies Sander mit seinen Untersuchungen des Aziditätsquotienten im Harn die Richtigkeit der Übersäuerungstheorie von Dr. Hay. Weitergehend Interessierte verweise ich auf das Buch von F. Sander: „Der Säure-Basen-Haushalt des menschlichen Organismus".

## Einwände gegen die Gültigkeit der Trennkostphilosophie

Wie bereits beschrieben, aber auch noch in den folgenden Kapiteln gezeigt, wirkt die Trennkost positiv auf unseren Körper. Nichtsdestotrotz werden oft Stimmen laut, die einige Punkte der Trennkostphilosophie in Frage stellen. Nachfolgend möchte ich daher zu den am meisten genannten Einwänden Stellung nehmen.

**Erster Einwand:**
Es gibt keine natürlichen Lebensmittel, die nur aus Kohlenhydraten oder nur aus Eiweiß bestehen. Insofern ist eine absolute Trennung von Eiweiß und Kohlenhydraten nicht nötig beziehungsweise nicht möglich.

**Erwiderung:**
Es ist richtig, daß natürliche Lebensmittel nicht nur aus Eiweiß oder Kohlenhydraten bestehen. Dennoch kann man Lebensmittel, die überwiegend aus dem einen dieser Nährstoffe bestehen, von solchen, die überwiegend aus dem anderen Nährstoff bestehen, trennen. Eine absolute Trennung ist nicht möglich, aber auch nicht notwendig, sondern lediglich die Trennung der Extreme. Schon wenn vorwiegend eiweißreiche Lebensmittel getrennt von vorwiegend kohlenhydrathaltigen verzehrt werden, erfährt der Verdauungstrakt eine wohltuende Entlastung, die dem ganzen Organismus zugute kommt.

**Zweiter Einwand:**
Die Muttermilch enthält sowohl Kohlenhydrate als auch Eiweiß, und sie ist ja die erste und natürlichste Nahrung des Menschen, weil sie eigens für ihn geschaffen wurde. Insofern ist die Trennung von vorwiegend kohlenhydratreichen und vorwiegend eiweißreichen Lebensmitteln innerhalb einer Mahlzeit unnötig.

**Erwiderung:**
Muttermilch enthält etwa 1,2% Eiweiß, 3,7% Fett und 6,9% Kohlenhydrate. Für den Säugling ist es unproblematisch, diesen, im Vergleich geringen, Eiweißanteil zu verdauen.

**Dritter Einwand:**
Oft wird gesagt, man muß viel Fleisch essen, um seinen Eiweißbedarf zu decken. In der Trennkost wird jedoch empfohlen, den Eiweißanteil in der Nahrung so gering wie möglich zu halten.

**Erwiderung:**
Wir Erwachsenen benötigen das Eiweiß nur, um zugrunde gegangene Struktur- und Funktionsproteine zu ersetzen. Es ist einsichtig, daß wir dafür recht wenig Eiweiß benötigen und so der Eiweißbedarf des Erwachsenen zweifelsohne niedrig ist. Auch niedriger, als noch vor einigen Jahrzehnten von der Wissenschaft behauptet wurde. Die Behauptung, daß man Fleisch zu sich nehmen müsse, um genügend Eiweiß zu bekommen, ist unrichtig.

**Vierter Einwand:**
Ungesäuerte Milchprodukte gehören in die Eiweißgruppe, gesäuerte Milchprodukte hingegen werden den neutralen Lebensmitteln zugeordnet. Quark, der also zur neutralen Gruppe gehört, enthält jedoch eine beträchtliche Menge an Eiweiß. Also müßte er der Proteingruppe zugeordnet werden.

**Erwiderung:**
Wenn ein Säugling Muttermilch erbricht, ist diese durch die Magensäure „verquarkt" (vorverdaut). Auch bei gesäuerten Milchprodukten tritt durch die enzymatische Milchsäuregärung eine Vorverdauung ein, die die Verdauungsorgane deutlich entlastet. Dadurch ist die Zuordnung von gesäuerten Milchprodukten in die neutrale Lebensmittelgruppe möglich.

**Fünfter Einwand:**
Zur Vorbeugung bzw. Behandlung der Osteoporose (Knochenentkalkung) wird als Therapie häufig empfohlen, vermehrt Milch und Milchprodukte zu sich zu nehmen. Dadurch könne man sich mehr Kalzium zuführen, was der Entkalkung entgegenwirken kann.

**Erwiderung:**
Aus meiner Sicht wird hier zu wenig berücksichtigt, daß durch eine an Säurebildnern (z. B. Fleisch) reiche Nahrung den pH-Wert im Körper in Richtung „sauer" verschiebt. Um nun Säuren und Basen in einem Gleichgewicht zu halten, wird der Körper dazu gezwungen, vermehrt Kalzium, Magnesium und Kalium aus seiner Reserve zu mobilisieren. Diese befindet sich im Skelett. So kann bei einer über Jahre und Jahrzehnte verzehrten säurebildenden Kost allmählich das Skelett entmineralisiert werden – der Knochen wird entkalkt.

Nicht nur eine vermehrte Kalziumzufuhr, sondern auch eine an Basenbildnern (Obst, Gemüse, Salat) reiche Nahrung wirkt der Osteoporose somit entgegen. Experimente haben gezeigt, daß der Kalziumverlust über den Urin bei Fleischzufuhr recht hoch ist. Hingegen ist der Verlust bei Zufuhr von Basenbildnern geringer – es wird der Osteoporose (Knochenentkalkung) entgegengewirkt.

Die Kühe, die ihr Kalzium über Milch „verlieren" (hergeben), beugen diesem Verlust durch den Verzehr von Grünfutter (Basenbildner) vor. Wer an Osteoporose leidet oder deren Entstehung verhindern möchte, sollte daher neben kalziumreichen Lebensmitteln auch vermehrt Salat, Gemüse und Obst (Basenbildner) essen.

**Sechster Einwand**
Warum gehört Obst in die Eiweißgruppe? Es wirkt doch im Körper basenbildend und müßte somit der neutralen Gruppe zugeordnet werden.

**Erwiderung:**
Man muß bei den Lebensmitteln zwischen Säure- und Basenbildner und Lebensmitteln der Eiweiß-, Kohlenhydrat- und neutralen Gruppe differenzieren. Kern-, Stein- und Beerenobst sowie Zitrusfrüchte sind Basenbildner (siehe Seite 14). Obwohl sie kein Eiweiß enthalten, werden sie der Eiweißgruppe zugeordnet (die ja in der Regel Säurebildner enthält). Die Begründung: Obst enthält viele Fruchtsäuren, die die Kohlenhydratverdauung behindern können. Da es nun der Eiweißgruppe angehört, darf es nicht zusammen mit kohlenhydratreichen Lebensmitteln verzehrt werden – und die Verdauung kann so problemlos ablaufen.

# Vollwertige Trennkost

Die Vollwertkost hat in bezug auf die Lebensmittelauswahl vieles mit der Trennkost gemeinsam. Grundsätzlich ist der Verzehr von sogenannten veredelten Lebensmitteln, also von solchen, die industriell in vielfältiger Weise verarbeitet und haltbar gemacht worden sind, bei beiden Ernährungsformen so weit wie möglich einzuschränken. Die Absicht dieser industriellen Verarbeitung ist ja der wirtschaftlich wichtige Effekt, aus verderblichen Naturprodukten lager- und handelsfähige Nahrungsmittel zu machen. Leider kann der menschliche Organismus diese Nahrungsmittel auf die Dauer nicht ohne Störung verarbeiten. Durch die industrielle Aufbereitung wird ihnen nämlich ein Teil der natürlichen Begleitstoffe, wie beispielsweise Vitamine, Spurenelemente, Mineralstoffe und Enzyme entzogen. Lesen Sie dazu das Kapitel „Die Geschichte vom beraubten Weizenkorn“ auf der Seite 34. Andererseits werden industriell verarbeiteten Lebensmitteln sehr oft Lebensmittelzusatzstoffe beigefügt, die gesundheitlich schaden können.

## Die richtige Lebensmittelauswahl

Der berühmte Arzt und Forscher Prof. Dr. med. Kollath prägte den Spruch: „Laßt eure Lebensmittel so natürlich wie möglich.“ Das heißt, es wäre wünschenswert, wenn schon beim Anbau pflanzlicher Lebensmittel darauf geachtet werden könnte, daß biologisch gearbeitet wird. Der Verzicht auf Kunstdünger und Pestizide (sogenannte Pflanzenschutzmittel), die oft höchst giftig sind, gehört hierzu. In der herkömmlichen Landwirtschaft werden in der Regel nur Monokulturen angebaut. Da diese vermehrt einem Schädlingsbefall ausgesetzt sind, werden große Mengen von Pestiziden eingesetzt, um den Ertrag zu sichern. Werden die Pflanzen hingegen als Mischkulturen angebaut (wie es viele ökologische Höfe machen und wie es früher oft üblich war), kann auf Pestizide häufig verzichtet werden.

Mittlerweile gibt es schon viele Höfe, die ökologische Landwirtschaft betreiben. In der Regel sind sie einem der Verbände der ökologischen Landwirtschaft angeschlossen. Die von den Höfen erzeugten Produkte tragen dann den Schriftzug des jeweiligen Verbandes. Nachfolgend finden Sie zur besseren Orientierung die Namen und Anschriften der wichtigsten Verbände der ökologischen Landwirtschaft.

**Die bekanntesten anerkannten Verbände der ökologischen Landwirtschaft in Deutschland**

Arbeitsgemeinschaft ökologischer Landbau e. V.,
Baumschulenweg 11, 64295 Darmstadt,
Tel.: 0 61 55 / 20 81, Fax: 0 61 55 / 57 74

Demeter Bund e. V. – Forschungsring für biologisch-dynamische Wirtschaftsweise e. V.,
Baumschulenweg 11, 64295 Darmstadt,
Tel.: 0 61 55 / 26 74, Fax 0 61 55 / 57 74

Bioland e. V. – Verband für organisch-biologischen Landbau e. V.,
Barbarossastraße 14, 73066 Uhingen,
Tel.: 0 71 61 / 3 10 12, Fax: 0 71 61 / 3 78 19

Biokreis Ostbayern e. V.,
Theresienstraße 36, 94032 Passau,
Tel.: 08 51 / 93 11 45, Fax: 08 51 / 3 23 32

Naturland – Verband für naturgemäßen Landbau e. V.,
Kleinhaderner Weg 1, 82166 Gräfelfing,
Tel.: 0 89 / 8 54 50 71, Fax: 0 89 / 85 59 74

ANOG – Arbeitsgemeinschaft für naturnahen Obst-, Gemüse- und Feldfruchtanbau e. V.,
Josef-Schell-Straße 17, 53121 Bonn,
Tel. 02 28 / 62 75 91, Fax: 02 28 / 61 61 70

Bundesverband Ökologischer Weinbau e. V.,
Obergasse 9, 67308 Ottersheim,
Tel.: 0 63 55 / 12 85, Fax: 0 63 55 / 15 29

Gäa e. V. – Vereinigung ökologischer Landbau e.V.,
Plauenscher Ring 40, 01187 Dresden,
Tel. und Fax: 03 51 /4 01 23 89

**Die unheilvolle Kette der Nahrungsmittelproduktion**

| | |
|---|---|
| Biocidproduktion<br>Düngemittelproduktion | Umweltbelastung<br>hoher Energieverbrauch<br>Transportbedarf |
| Intensivierte Landwirtschaft<br>unter Einsatz von Biociden & Co. | Zerstörung sozialer Strukturen<br>Umweltzerstörung<br>kranke Böden<br>Lebensmittelüberschüsse |
| Vermehrte industrielle Verarbeitung von Lebensmitteln<br>belastete Nahrungsmittel | Transportbedarf<br>Umweltbelastung<br>Zivilisationskrankheiten |
| Umweltvergiftung<br>Inweltvergiftung (Vergiftung des Körpers) | toxische Gesamtsituation |

Bei der Einteilung der Lebensmittel unter dem Gesichtspunkt der Vollwertigkeit werden sowohl gesundheitliche und ernährungsphysiologische als auch ökologische und soziale Aspekte berücksichtigt:

Pflanzliche Lebensmittel sollten gegenüber tierischen eindeutig bevorzugt werden. Im tierischen Organismus reichern sich nämlich die aus der pflanzlichen Tiernahrung stammenden Giftstoffe in hoher Konzentration an, da Tiere am Ende der Nahrungskette stehen. Hinzu kommen Rückstände von Medikamenten und eventuell Hormonen. Des weiteren können auch die Hormone, welche durch die Todesangst vor dem Schlachten im Tier selbst gebildet werden, in Resten im Fleisch noch vorhanden sein. All dies essen Sie dann mit, und das kann sich negativ auf Ihre Gesundheit auswirken.

Auch schadstoffreiche Lebensmittel, wie zum Beispiel Innereien und Wildpilze, sollten Sie meiden. Außerdem solche, die Zusatzstoffe enthalten sowie unnötig Verpacktes.

Kaufen Sie am besten Erzeugnisse aus anerkannt ökologischer Landwirtschaft (siehe auch Seite 22). Daneben empfiehlt es sich, Lebensmittel aus regionaler Herkunft und entsprechend der Jahreszeit zu bevorzugen. Das spart lange Transportwege und Lagerzeiten und verringert somit die Umweltbelastung.

Das Schaubild oben soll Ihnen dazu einmal zeigen, welche Auswirkungen die Produktion von unnatürlich erzeugten Nahrungsmitteln auf uns und unsere Umwelt hat.

Wie schon am Anfang dieses Kapitels erwähnt, sollten Sie keine denaturierten, sondern nur natürliche und naturbelassene Lebensmittel essen. Übermäßig industriell bearbeitete Nahrungsmittel, beispielsweise weißer Zucker, weißes Mehl (Auszugsmehl), Auszugsmehlprodukte und Fabrikfette sind zu meiden. Sehr empfohlen hingegen wird in der Vollwertkost der Verzehr von Keimlingen und Sprossen. In dieser Form enthalten die Pflanzen alle für ihre Entwicklung nötigen Stoffe in hochkonzentrierter Form. Dies sind vor allem Substanzen, die die Lebenskraft unserer Zellen erhöhen und ihre ständige Erneuerung ermöglichen. Dazu gehören Vitamine, Mineralstoffe, Spurenelemente, Aminosäuren und Enzyme.

## Die Bewertung der Lebensmittel im Sinne der Vollwerternährung

Auf den beiden folgenden Seiten finden Sie zusammenfassend eine Tabelle mit allen Lebensmittelgruppen, wobei diese hinsichtlich ihrer Eignung in der Vollwertkost bewertet sind. Sie werden schnell sehen, daß natürliche beziehungsweise naturbelassene Lebensmittel ganz klar in der Rubrik „sehr empfehlenswert" stehen, sehr stark verarbeitete Lebensmittel hingegen ausnahmslos mit „nicht empfehlenswert" beurteilt werden.

Wenn Sie Ihre Nahrung später mit Hilfe des Trennungsplans (auf den Seiten 48 und 49) zusammenstellen, können Sie mit dieser Vollwert-Tabelle ermitteln, in welcher Form Sie die einzelnen Lebensmittel am besten verzehren sollten (zum Beispiel ob roh oder gekocht, ob tiefgekühlt oder aus der Dose).

**Eignung von Lebensmitteln für die Vollwerternährung**

| | **sehr empfehlenswert** |
|---|---|
| **Verarbeitungsgrad** | nicht bzw. gering verarbeitete Lebensmittel (unerhitzte) |
| **Mengenempfehlung** | etwa die Hälfte der täglichen Nahrungsmenge |
| **Getreide** | gekeimtes Getreide, Vollkornschrot (z. B. als Frischkornmüsli), frisch gequetschte Flocken |
| **Gemüse und Obst** | frisches Gemüse, milchsaures Gemüse, frisches Obst |
| **Kartoffeln** | Pellkartoffeln |
| **Hülsenfrüchte** | |
| **Nüsse, Fette und Öle** | Nüsse*, Mandeln, Ölsamen* (z. B. Sonnenblumenkerne, Sesam), Ölfrüchte* (z. B. Oliven) |
| **Milch und Milchprodukte** | Vorzugsmilch |
| **Fleisch, Fisch und Eier** | |
| **Getränke** | ungechlortes Trinkwasser, kontrolliertes Quellwasser, natürliches Mineralwasser |
| **Gewürze, Kräuter und Salz** | ganze oder frisch gemahlene Gewürze, frische Kräuter |
| **Süßungsmittel** | frisches, süßes Obst |

* nur in Maßen verzehren

| empfehlenswert | weniger empfehlenswert | nicht empfehlenswert |
|---|---|---|
| mäßig verarbeitete (am besten nur erhitzte) Lebensmittel | stark verarbeitete Lebensmittel (wenn, dann am besten nur konservierte) | sehr stark verarbeitete Lebensmittel und isolierte Produkte |
| etwa die Hälfte der täglichen Nahrungsmenge | nur selten verzehren | möglichst meiden |
| Vollkornprodukte (z. B. Vollkornbrot, -nudeln, -flocken, -feinbackwaren), Vollkorngerichte, Naturreis | Weißmehlprodukte (z. B. Weißbrot, weiße Nudeln, Feinbackwaren), geschälter (weißer) Reis | Getreidestärke (z. B. Maisstärke), Ballaststoffpräparate |
| erhitztes Gemüse (auch milchsaures), erhitztes Obst, Tiefkühlgemüse* und -obst | Gemüsekonserven (z. B. Tomaten in Dosen), Obstkonserven (z. B. Kirschen in Gläsern) | Vitaminpräparate, Mineralstoffpräparate, Tiefkühlfertiggerichte mit Obst und Gemüse |
| Salzkartoffeln | Kartoffelfertigmischungen (z. B. Knödelmischung) | Pommes frites, Chips, Kartoffelstärke |
| gekeimte, blanchierte Hülsenfrüchte, erhitzte Hülsenfrüchte | Sojamilch, Tofu, Sojafertigmischungen (z. B. Bratlingmischung) | „Sojafleisch" (TVP), Milch- und Käseimitate aus Soja, Sojaprotein, Sojalezithin |
| geröstete Nüsse*, Nußmuse*, kaltgepreßte, nicht raffinierte Öle*, ungehärtete Pflanzenmargarine mit hohem Anteil an Kaltpreßöl*, Butter* | gesalzene Nüsse, extrahierte, raffinierte Fette und Öle, ungehärtete Pflanzenmargarine, Kokosfett, Palmkernfett, Butterschmalz | Nuß-(Nougat-)Creme, gehärtete Margarine |
| pasteurisierte Vollmilch, reine Milchprodukte (ohne Zutaten), Käse* (ohne Zusatzstoffe) | H-Milch und daraus hergestellte Produkte, Milchprodukte (mit Zutaten, z. B. Früchtejoghurt, Käse (mit Zusatzstoffen) | Sterilmilch, Kondensmilch, Milchpulver, Milchzucker, Milch- und Molkenprotein, Schmelzkäse |
| Fleisch* (Verzehr max. 2x/Woche), Fisch* (Verzehr max. 1x/Woche), Eier* (Verzehr max. 3x/Woche) | Fleischwaren und -konserven, Wurstwaren und -konserven, Fischwaren und -konserven | Innereien, Eipulver |
| Kräuter- und Früchtetees, verdünnte Fruchtsäfte, verdünnte Gemüsesäfte, Getreidekaffee* | Tafelwasser, Fruchtnektare, Kakao, Bohnenkaffee, schwarzer Tee, Bier, Wein | Limonaden, Colagetränke, Fruchtsaftgetränke, Instantkakao, Instant- und Sportlergetränke, Spirituosen |
| fertig gemahlene Gewürze, getrocknete Kräuter, Meersalz*, jodiertes Speisesalz* | Kräutersalz, Kochsalz | Aromastoffe (natürliche, naturidentische und synthetische), Geschmacksverstärker (Glutamat) |
| Honig* (kaltgeschleudert, verdünnt), Trockenobst* (ungeschwefelt und eingeweicht) | Honig (heiß geschleudert), Trockenobst (geschwefelt) Apfel- und Birnendicksaft, Vollrohrzucker, Ahornsirup, Zuckerrübensirup | isolierte Zucker (z. B. Haushalts-, Trauben- und Fruchtzucker, brauner Zucker, Süßwaren, Süßigkeiten, Süßstoffe |

# Trennkost und allgemeines Wohlbefinden

Wie wohl sich ein wirklich gesunder Mensch fühlen kann, weiß heute bei uns fast keiner mehr. Denn die meisten sind durch zahlreiche Umweltbelastungen, durch schlechte Ernährung, Reizüberflutung, Bewegungsmangel, Streß und Erbschäden (die das Neugeborene bereits mit auf den Lebensweg bekommt) belastet. Dieser Zustand, der von Prof. Kollath Mesotrophie, also „Halbgesundheit", und von Dr. med. F. X. Mayr „Scheingesundheit" genannt wurde, ist heute das Normale, wenn man bedenkt, wie häufig er vorkommt.

Nun gibt es jedoch den Unterschied zwischen „Häufigkeitsnorm" und „Idealnorm". Wenn der Bundesbürger pro Jahr im Durchschnitt 200 l Bier trinkt oder wenn jeder zweite 35jährige gelegentlich über Rücken- und Kreuzschmerzen klagt, so entspricht das der Häufigkeitsnorm, aber keineswegs der Idealnorm. Von der Idealnorm her gesehen, sollte der durchschnittliche Westeuropäer nicht zwei- bis dreimal jährlich Schnupfen haben. Wer sich dagegen mit Trennkost vollwertig ernährt, hat womöglich seit vielen Jahren keinen Schnupfen mehr gehabt.

Das durch falsches Essen und minderwertige Kost geschädigte Verdauungssystem meldet sich bei den meisten Menschen mit zahlreichen Verdauungsstörungen, aber auch mit Kreuzschmerzen, Infektanfälligkeit und vielem mehr. Die Betroffenen bemerken es häufig gar nicht, weil sie diesen Zustand für normal halten, denn schließlich geht es ja vielen anderen ebenso. Außerdem kommen sie nicht auf die Idee, daß die Störungen vom Darm herrühren. Obwohl wir häufig zuviel essen, leiden wir oft Mangel an Ballaststoffen, Vitaminen, Mineralstoffen und Spurenelementen. Der Körper meldet uns dann diesen Mangel und verlangt mehr Nahrung, um aus seinem Defizit herauszukommen. Oft werden dann übergroße Nahrungsmengen gegessen, was wiederum zu Übergewicht, zahlreichen Stoffwechselstörungen und Krankheiten führen kann.

Die im Körper durch falsche Ernährung verbleibenden Schlacken, Gifte und Ablagerungen haben vielfältige Erkrankungen zur Folge. Dazu gehören z. B. Symptome wie Benommenheit, anscheinend grundlose Gereiztheit, depressive Verstimmungszustände, Kopfschmerzen, Muskelverspannungen, Kreuz-, Rücken-

und Gelenkschmerzen, Kreislaufstörungen und auch Frauenleiden.

Nun können Sie sich selbst fragen, wie es eigentlich um Ihre Verdauungsorgane steht. Haben Sie nach dem Essen schon öfter Aufstoßen, Blähungen, Völlegefühl oder Sodbrennen bemerkt? Haben Sie gelegentlich Mundgeruch? Ist Ihr Darm träge oder verstopft? Wenn dies der Fall ist, scheint Ihre Ernährungsweise nicht die richtige zu sein. Dr. F. X. Mayr sagte einmal: „Das Toilettenpapier ist das Reagenzpapier des Darmes."

Und das ist so zu verstehen: Beim gesunden Menschen ist der Stuhl wurstförmig, weich, mittelbraun und mit einer dünnen Schleimschicht überzogen, so daß eigentlich kein Toilettenpapier gebraucht würde. Außerdem stinkt gesunder Stuhl nicht. Vom mit Muttermilch gestillten Neugeborenen weiß man, daß ihre Stühle angenehm riechen. Überprüfen Sie einmal Ihren Stuhl, falls die oben beschriebene Definition nicht stimmen sollte. Ist er massig, grau, gelb oder sehr dunkel? Ist er breiig oder flüssig; besteht er aus kleinen Kötteln, enthält er unverdaute Bestandteile, riecht er unangenehm, ist er schmierig? All dies sind klare Zeichen eines geschädigten Verdauungsapparates. Und das wiederum läßt sich sehr oft auf eine falsche Ernährung zurückführen.

Viele mit Trennkost behandelte Patienten, aber auch zahlreiche Menschen, die von sich aus ohne ärztliche Verordnung zur Trennkost gefunden haben, berichten Erstaunliches.

Täglich erhalte ich Anrufe und Briefe von Menschen, die nach der Lektüre von Trennkostbüchern ihre Ernährung umgestellt haben und positive Erfahrungen berichten können. Eine Frau schrieb mir beispielsweise folgendes: „Durch Ihren Bericht über Trennkost in einer Illustrierten angeregt, kaufte ich mir Ihr Buch und stellte meine Ernährung auf Trennkost um. Meine mit im Haus lebende Mutter (83 Jahre alt) mußte deshalb auch Trennkost essen, da ich das Essen für sie mit zubereite. Erstaunliches geschah: Die vorher gereizte und mürrische alte Frau, die über vielfältige Schmerzen und Beschwerden klagte, sich nur vom Bett zum Stuhl und zurück bewegte, nahm plötzlich wieder freudig am Leben teil. Erstmals nach drei Jahren kam sie herunter, machte bei der Hausarbeit mit, jammerte nicht mehr über Schmerzen und war viel klarer im Kopf. Es war eine Freude, sie so aufblühen zu sehen."

Und auch ein 81 Jahre alter Arzt, der sich lange mit Naturheilkunde befaßt hatte, schrieb sehr Erfreuliches: „Vor sechs Monaten stellte ich meine Ernährung auf Trennkost um. Bemerkenswerte Verbesserungen habe ich bei mir subjektiv festgestellt und sie darüber hinaus durch Untersuchungen bestätigen lassen. Der deutlich erhöhte Harnsäurewert ist normalisiert. Ich habe 6 kg abgenommen, fühle mich viel wohler und

bin körperlich viel leistungsfähiger. Hatte ich früher beim Treppensteigen nach ein bis zwei Etagen Atemnot, kann ich nun drei Etagen ohne Pause normal schnell hochgehen und bin oben lediglich etwas außer Puste. Auch meine Konzentration und Merkfähigkeit sind deutlich besser geworden. Außerdem macht mir die Liebe mit meiner 60 Jahre alten Partnerin wieder Spaß. Ich fühle mich viel jugendlicher und vitaler."

Ich finde daran besonders erfreulich, daß die Regulationsmechanismen des Körpers auch in so hohem Alter noch funktionieren und die Natur, der „innere Heiler", erstaunliche Besserungen erreicht. Das geht freilich nur, wenn durch gesunde Ernährung die Grundlagen dafür geschaffen werden. Es muß also nicht als gottgegeben hingenommen werden, wenn schon längere Zeit und auch im höheren Lebensalter Beschwerden bestehen. Oft sind auch dann durch gesunde Ernährung und naturgemäße Lebensführung noch erfreuliche Erfolge zu erzielen, wenn von Ärzten schon achselzuckend gesagt wird: „Das ist altersbedingt, da kann man nichts machen."

**Auch in der zweiten Lebenshälfte kann Trennkost den Gesundheitszustand erheblich verbessern**

## Konkrete Verbesserungen des Allgemeinzustands

Die positive Wirkung der Trennkost auf das allgemeine körperliche Wohlbefinden läßt sich an einer Reihe von konkreten Verbesserungen festmachen.

- Die „pathologische" Tagesmüdigkeit verschwindet (damit ist nicht die normale, „physiologische" Müdigkeit nach anstrengender körperlicher Betätigung gemeint).
- Die Verdauung normalisiert sich und erfolgt nach wenigen Wochen regelmäßig ohne Abführmittel; unangenehme Völlegefühle, Aufstoßen und Blähungen verringern sich oder verschwinden. In einigen Fällen kann es im Rahmen der Ernährungsumstellung auf Trennkost jedoch vorübergehend zu einer Zunahme von Blähungen sowie von Rumoren und Zwicken im Bauchbereich kommen. Dies sollte Sie nicht verunsichern, denn Ihre Verdauungsorgane und Darmbakterien müssen sich in dieser Zeit erst auf die neue Ernährung umstellen. Sehr hilfreich hat sich zum Einstieg in die Trennkost ein sogenannter Umschalttag erwiesen. Was dies ist und wie Sie Ihre Ernährung an diesem Tag gestalten sollten, erfahren Sie auf der Seite 53.
- Der Körper wird elastischer, beweglicher, als wären die Gelenke besser geschmiert.
- Die Lebensqualität ist rundum besser.
- Verspannungen, Befindlichkeitsstörungen und Schmerzen verringern sich, treten seltener auf oder verschwinden ganz. Beispielsweise berichten Frauen, daß über Jahre und Jahrzehnte bestehende Regelbeschwerden wie auch Verstimmungszustände, Kopfschmerzen, Unterleibs- und Rückenschmerzen, Wetterfühligkeit, Unlust usw. verschwunden sind.
- Allgemein wird von einer erhöhten Leistungsfähigkeit und von wiedergewonnener Vitalität berichtet.
- Entschlußlosigkeit und Verstimmungszustände gehen zurück.
- Die Haut wird straffer und reiner, man fühlt sich jugendlicher, was sich natürlich auch in einer positiven Wirkung auf das andere Geschlecht zeigt.

## Größeres Gesundheitsbewußtsein

Der bewußte, naturgemäße Umgang mit der Ernährung führt nebenbei zu einem gesundheitsbewußteren Leben. Dazu gehören mehr Bewegung an der frischen Luft und in der Sonne. Der Zigarettenkonsum wird verringert oder ganz eingestellt. Bei der Kleidung und Wohnungseinrichtung wählt man vermehrt Naturmaterial.

Einige Menschen machen Atemübungen. Dies ist insofern besonders wichtig, als wir drei Wochen ohne feste Nahrung und drei Tage ohne Flüssigkeit, jedoch nur drei Minuten ohne Sauerstoff leben können. Die Art und Weise der Atmung wirkt sich tiefgreifend auf Körper, Seele und Geist aus. Dies wußten bereits die Weisen aller Kulturen und Zeitalter.

Mehr zum richtigen Atmen erfahren Sie auf der Seite 62 dieses Buches.

Andere Trennkostanhänger gehen täglich zwanzig Minuten stramm spazieren. Wichtig ist dabei, so zügig zu gehen, daß man leicht ins Schwitzen kommt. Natürlich sind all diese Übungen und Betätigungen der individuellen Leistungsfähigkeit anzupassen. Insgesamt wirken sie sich aber, wie auch eine Reihe weiterer gesundheitsfördernder Tätigkeiten, ebenso wie die Trennkost selbst überaus positiv auf das allgemeine körperliche Wohlbefinden aus.

SUN

# Trennkost und Gewichtsnormalisierung

## Körperliche Folgen des Übergewichts

Übergewicht steht nie isoliert für sich. In aller Regel ist es mit vielfältigen Stoffwechselstörungen verbunden. Dazu gehören häufig erhöhte Blutfett- und Harnsäurewerte, Gicht, Nierensteine, erhöhter Blutzuckerspiegel, erhöhter Blutdruck und eine Fettleber. Oft damit vergesellschaftet sind dickflüssigeres Blut, Durchblutungsstörungen, Krampfadern mit entsprechend erhöhtem Thrombose- und Embolierisiko, vermehrte Belastung der Wirbelsäule sowie der Hüft- und Kniegelenke mit entsprechenden Beschwerden und schließlich gehäuftes Auftreten einer Gebärmuttersenkung, insbesondere bei Frauen, die bereits Kinder geboren haben.

Doch sind diese häufigen Begleiterscheinungen des Übergewichts längst nicht alles. Ein erhöhtes Körpergewicht hat eine Reihe weiterer Konsequenzen. Schon bei übergewichtigen Schulkindern, erst recht jedoch im Erwachsenenalter, fällt ein auffälliger Bewegungsmangel auf, denn sportliche Betätigung führt bei Dicken bekanntlich schneller zu Erschöpfung oder Luftnot. Darunter leidet dann die Freude an der Bewegung. Wer sich aber weniger bewegt, hat einen schlechter trainierten Kreislauf und weniger leistungsfähige Atemorgane. Und so kann sich die Negativspirale weiterdrehen: Der aus dem Übergewicht resultierende Bewegungsmangel führt dazu, daß sich der Körper schlechter entgiften kann. Über die erhöhte Stoffwechseltätigkeit und das Schwitzen bei Bewegung können Schlacken und Gifte verstärkt abgebaut und ausgeschieden werden. Bei Bewegungsmangel entschlackt man jedoch schlechter. Dies führt zu einer allgemein höheren Krankheitsanfälligkeit. Die Verschlechterung des Stoffwechsels zieht eine größere Infektanfälligkeit nach sich, letztlich kann sie sogar zu einem häufigeren Auftreten von verschiedenen Krebsformen führen.

Daß Übergewicht ein Risikofaktor für die Entstehung von Herz-Kreislauf-Krankheiten ist, ist bekannt. Allerdings sollte man hier differenzieren, denn die Fettverteilung am Körper spielt eine wesentliche Rolle. Günstiger für die Gesundheit, wenn überhaupt, ist die sogenannte weibliche Form der Fettverteilung: mehr Speck an Oberschenkeln und Hüften (diese Art der Fettverteilung nennt man auch „Birnenform"). Der sogenannte Bierbauch hingegen, also eine häufiger bei Männern auftretende Form des Übergewichts, wirkt sich nachteiliger auf die Gesundheit aus. Dies haben mehrere Studien bewiesen.

## Psychische Auswirkungen von Übergewicht

Nicht zu übersehen sind die Auswirkungen des Übergewichts auf die Seele. Bei dem heutigen Schönheitsideal, das übertriebene Schlankheit propagiert, spüren viele Menschen gar nicht, wann sie sich individuell wohlfühlen. Sie richten sich viel mehr nach den theoretischen, durch die Medien vorgegebenen Idealen. Verzweifelt wird versucht, diesen nahezukommen, als hätte der Schöpfer für Frauen Kleidergröße 38 als Idealziel vorgegeben. Deshalb hat weit mehr als die Hälfte aller Frauen (aber auch viele Männer) bereits mehrfach Reduktionsdiäten ausprobiert. Häufig sind diese Menschen dann nach einem Mißerfolg der Diät frustriert, und ihr Selbstbewußtsein ist „angeknackst". Und, das kennen ja fast alle aus eigener Erfahrung, wer frustriert ist, greift zum Trost zu einer

Ersatzbefriedigung. Insbesondere Süßigkeiten, die kleinen Seelentröster, sind dann beliebt.

Auch Schweißbildung tritt bei Übergewichtigen vermehrt auf. Oft ist es unangenehm riechender Schweiß, der bei Sozialkontakten und im Intimleben Schwierigkeiten verursachen kann.

Übrigens: In der Berufswelt werden schlanke, sportlich wirkende Nichtraucher häufig bevorzugt eingestellt und befördert. Dies legt die Vermutung nahe, daß sich Übergewicht indirekt nachteilig auf die Karriere auswirken kann. Der Frust ist praktisch vorprogrammiert.

## Abnehmen mit Trennkost

Ein Gewichtsverlust wirkt sich auf all die eben beschriebenen und auch auf viele weitere Bereiche sehr positiv aus.

Die Trennkost wurde in den letzten Jahren immer populärer. Und dies nicht zuletzt deshalb, weil sie auf natürliche Weise zu einer Normalisierung des Körpergewichts führen kann. Viele Menschen, die schon zahlreiche Reduktionsdiäten ausprobiert hatten, klagten über den sogenannten „Jojoeffekt“: sie verloren kurzfristig überflüssige Pfunde, nahmen dann aber schnell wieder zu und wogen letztendlich mehr als vor der Diät. Mit der Trennkost erreichten sie dann allmählich eine Gewichtsabnahme, die von Dauer war. Und nicht selten konnten sie sogar langjährig bestehendes Übergewicht völlig abbauen.

Die Umstellung von der gewohnten Kost auf Trennkost ist einfach, denn es verschiebt sich fast nur die Verzehrshäufigkeit bestimmter Lebensmittel. Es werden mehr Salat, Gemüse und Obst gegessen, während sich der Anteil an Fleisch und konzentrierten Stärkeprodukten verringert. Diejenigen, die ihre Ernährung auf Trennkost umstellen, brauchen weder bei der Arbeit zu hungern, noch müssen sie ständig Kalorien zählen. Sie können also wesentlich unbefangener essen als bei vielen Reduktionsdiäten. Übergewichtigen Patienten empfehle ich allerdings, neben der normalen Trennkost einen oder zwei Obsttage pro Woche einzuführen. Trennkost wird sehr gerne angenommen, wie die Praxis beweist, denn außer Süßigkeiten und denaturierten Nahrungsmitteln verbietet sie kaum etwas. Es braucht nicht alles einzeln abgewogen zu werden, und durch die Rohkostvorspeise tritt das Sättigungsgefühl eher auf.

1977 untersuchte Dr. Walb an 25 aus 200 willkürlich ausgewählten, übergewichtigen Patienten die Gewichtsabnahme durch Trennkost. Er stellte dabei folgendes fest:

Je höher das Anfangsgewicht war, um so mehr nahmen die Patienten durch Trennkost ab.

**Tips zum richtigen Abnehmen**

- Essen Sie nur, wenn Sie Hunger haben.
- Vor jeder Hauptmahlzeit sollten Sie einen kleinen Rohkostsalat essen. Dieser besänftigt den ersten Hunger, und Sie essen danach weniger.
- Bei kleinen „Hungeranfällen“ zwischen den eigentlichen Mahlzeiten empfiehlt es sich, entweder etwas zu trinken (zum Beispiel Mineralwasser, Kräuter- oder Früchtetee) oder ein Stück frisches Obst zu essen.
- Gewöhnen Sie sich an, einmal täglich etwas für Ihre Fitneß zu tun. Dies kann ein ausgedehnter Spaziergang sein, aber auch Schwimmen und Radfahren sowie Gymnastik sind geeignete körperliche Betätigungen.
- Versuchen Sie herauszufinden, warum Sie manchmal zügellos alles in sich hineinessen. Oft hängt dies mit der Psyche zusammen. Frust, Unzufriedenheit, Unruhe und Streß wirken nämlich auf unser Eßverhalten. Probieren Sie einmal die Entspannungstechniken Yoga oder Autogenes Training aus. Kurse dazu werden bei fast jeder Volkshochschule, aber oft auch schon von den Krankenkassen angeboten.
- Machen Sie sich von Ihrem schlechten Gewissen frei, wenn Sie nun doch einmal kulinarisch über die Stränge geschlagen haben. Essen Sie dann einfach die nächsten Tage etwas weniger oder ausschließlich Gemüse und Obst.
- Gehen Sie nie hungrig einkaufen, denn mit Ihrem leeren Magen stürzen Sie sich dann förmlich auf die in den Geschäften angebotenen „Kalorienbomben“.
- Essen Sie stets langsam und kauen Sie die Nahrung sorgfältig. So setzt das Sättigungsgefühl schneller ein, und die Nahrung wird optimal verdaut

# Trennkost und Zivilisations-krankheiten

## Was sind Zivilisationskrankheiten?

Unter Zivilisationskrankheiten versteht man diejenigen Krankheiten, die durch unsere moderne Lebensweise, also durch die Zivilisation mit all ihren Vor- und Nachteilen, verursacht werden. Zu nennen sind hier als erstes Übergewicht, erhöhte Blutfettwerte, Bluthochdruck, Zuckerkrankheit (Diabetes), Zahnkaries und erhöhte Harnsäurewerte (Gicht). Auch Herzinfarkt und Schlaganfall zählen dazu. Beide sind die Folgen vorzeitiger Arteriosklerose (Gefäßverkalkung). Des weiteren gehören Krankheiten des Immunsystems, wie gehäufte Infekte und Allergien, zu den Zivilisationskrankheiten. Bei Allergien reagiert das Immunsystem überschießend auf an sich normale Reize, wie beispielsweise Tierhaare, Blütenpollen, Hausstaub und bestimmte Lebensmittel (oft Hühnerei und Milch). Auch Arthrosen (vorzeitiger Gelenkverschleiß) und andere Verschleißerkrankungen des Bewegungsapparates zählen zu den Zivilisationskrankheiten. Ebenfalls wesentlich mitbedingt durch die heutige Lebensweise sind Rheuma, Nieren- und Gallensteine, Krebs, Multiple Sklerose, bestimmte Formen von Depression sowie vielfältige funktionelle und psychovegetative Befindlichkeitsstörungen.

Zivilisationskrankheiten und chronische Leiden können das Leben verkürzen und die Lebensqualität deutlich verschlechtern.

## Wodurch entstehen Zivilisationskrankheiten?

### Die Wirkung der Umwelt auf unseren Körper

Neben der genetischen Veranlagung ist vor allem die Abkehr von einer naturgemäßen Lebensführung Auslöser der sogenannten Zivilisationskrankheiten. Und letztere ist ja heute bei uns eher die Regel als die Ausnahme.

Wie die Umwelt auf uns und unseren Körper wirkt, sei nachfolgend am Beispiel des Embryos erklärt. Schon vor der Geburt können beim Kind im Mutterleib Schäden auftreten. Wodurch werden sie verursacht? Da der Embryo die zum Aufbau seines Körpers nötigen Substanzen von der Mutter erhält, ist er von der Qualität dieser Stoffe abhängig. Im Mutterleib wirken sich Schadstoffe besonders fatal aus, weil kindliches Gewebe sehr empfindlich reagiert. So können zahlreiche Gifte, die sich im Blut der Mutter befinden, das Kind schädigen. Welche Ursache auch immer dahinter steht – falsche Ernährung, Genußgifte wie Nikotin, Alkohol und Kaffee, Schlafmangel, Reizüberflutung, Abgase und andere Umweltgifte – das ungeborene Kind bekommt seinen Teil davon ab.

Auch bestimmte Medikamente können dem Embryo Schaden zufügen. Die Mißbildungen an Armen und Beinen der contergangeschädigten Kinder sind allgemein bekannt. Tetracycline (Antibiotika) beispielsweise, die von der Mutter während der Schwangerschaft eingenommen werden, können später beim Kind eine Gelbfärbung der Zähne hervorrufen.

Daß Kinder von Frauen, die während der Schwangerschaft rauchen und/oder Alkohol trinken, kleiner und leichter sind als diejenigen von Müttern, die auf solche Genußgifte verzichtet haben, ist fast schon allgemein bekannt. Auch die Gehirnfunktion dieser Kinder, die im Mutterleib „mitrauchen und mittrinken" mußten, ist später oft beeinträchtigt. In der Entwicklung hinken sie den anderen Kindern nicht selten etwas hinterher.

Es ist die Summe der kleinen Sünden während der Schwangerschaft, die das Kind später auszubaden hat. Ich zitiere Ernst Freiherr von Feuchtersleben (österreichischer Mediziner, Philosoph und Schriftsteller): „Die Natur übt ein heimliches Gericht; ihre Wirkungen verbreiten sich über Generationen, und der Enkel, der verzweifelt über das Geheimnis seiner Leiden brütet, kann die Lösung in den Sünden seiner Väter finden."

Daß Rauchen schädlich ist, weiß heute jedes Kind. Wußten Sie aber, daß ein Mikrowellenherd, ein Farbfernsehgerät, eine Federkernmatratze und auch eine Wasserleitung sich nachteilig auf unsere Gesundheit auswirken können? Ich erkläre es an einem Beispiel: Wer sich zu nahe am laufenden Farbfernsehgerät aufhält, bekommt eine sehr geringe Menge elektromagnetischer Strahlen ab. Wenn ein Mensch nun fast täglich einige Stunden zu nahe vor dem laufenden Fernsehgerät sitzt, summiert sich diese Strahlenbelastung. Röntgenstrahlen (auch sie gehören zu den elektromagnetischen Strahlen) können Mutationen auslösen, also Änderungen des Erbgutes in den Chromosomen, was wiederum eine Krebsentstehung begünstigen kann. Nicht wenige der allerersten Röntgenärzte, denen die Wirkung der Röntgenstrahlen noch nicht bekannt war, starben an Krebs. Deshalb tragen heute Personen, die geröntgt werden, zu ihrem Schutz Bleischürzen.

## Ernährung und Zivilisationskrankheiten

Gegessen wird zuviel, zu schnell, zu salzig, zu eiweißreich, zu süß und zu fett. Es wird zu schlecht gekaut, und die Nahrung wird zu wenig eingespeichelt. Statt „Mahlzeit" (was man auch darauf beziehen kann, daß das Essen zwischen den Zähnen allmählich zermahlen wird) müßte man heute, im Zeitalter des Fastfood, oft „Schlingzeit" sagen.

Wenn das Essen nicht kleingekaut und gut eingespeichelt wird, ist die Verdauung von vornherein erschwert. Was im Mund versäumt wurde, muß weiter unten im Verdauungstrakt mühsam nachgeholt werden. Das heißt, unser Körper ist dazu gezwungen, Mehrarbeit zu leisten. Und das bei sowieso oft schon schwer verdaulicher Kost.

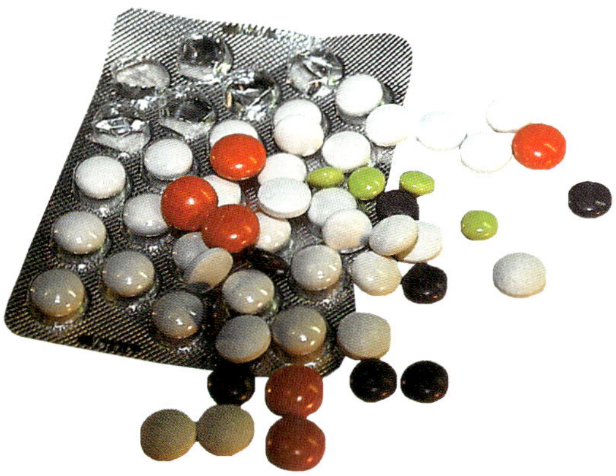

## Die Selbstvergiftung aus dem Darm

Blähungen, Aufstoßen, belegte Zunge, Mundgeruch, Völlegefühl und Bauchweh sowie harte oder breiige und stinkende Stühle weisen auf Verdauungsstörungen hin. Die überlasteten Verdauungsorgane funktionieren einfach nicht mehr optimal. Es kommt zur Fehlverdauung: Im Darm setzen Gärungs- und Fäulnisprozesse ein. Speiseteile, die im Darm verbleiben und nicht ausgeschieden werden, können die Darmschleimhaut regelrecht „austapezieren". Unphysiologische, ja sogar pathologische (krankheitserregende) Bakterien können sich in diesem unnatürlichen Milieu des Darms ansiedeln und unter Umständen die körpereigene, physiologische Darmflora unterdrücken sowie uns wichtige Nährstoffe wegnehmen und Giftstoffe produzieren. Den eben beschriebenen Prozeß bezeichnet man dann als „intestinale Autointoxikation", eine Selbstvergiftung aus dem Darm. Die Folgen davon können die Zivilisationskrankheiten sein, die ich eingangs in diesem Kapitel genannt habe. Nach wissenschaftlichen Untersuchungen leiden fast 98% der zivilisierten Menschen an einer unnatürlich zusammengesetzten Darmflora.

### Die Geschichte vom beraubten Weizenkorn

Wir essen nicht mehr die Lebensmittel, die uns die Natur gibt. Wir bauen Pflanzen in Monokulturen an, behandeln sie mit Pestiziden, die wir beschönigend „Pflanzenschutzmittel" nennen und „veredeln" sie oft industriell in vielfältiger Art und Weise. So wird zum Beispiel aus dem ursprünglichen Weizenkorn mit Stärkekern, Keimling und Randsaum (in dem die Mineralstoffe, Ballaststoffe und Vitamine enthalten sind) durch Verarbeitung ein Auszugsmehl (weißes Mehl) gewonnen. Nun hat man nicht mehr die naturgemäß ausgewogene Mischung der ursprünglichen Bestandteile des Korns, sondern nur noch einen minderwertigen Teil davon – das feingemahlene Mehl aus dem Stärkekern. Der wertvolle Keimling wurde entfernt, damit das darin enthaltene Öl nicht ranzig wird. So ist das Auszugsmehl länger haltbar. Außerdem fehlen im weißen Mehl die Ballaststoffe, Vitamine und Mineralstoffe aus dem Randsaum.

Bei dem Menschen, der dieses Mehl verzehrt, kann auf Dauer ein Mangel an B-Vitaminen mit den entsprechenden Folgen, wie Konzentrationsstörungen, Nervosität und so weiter, entstehen. Ein übergroßer Zuckerkonsum, wie er heute üblich ist, verbraucht zusätzlich die dann sowieso knappen B-Vitamine, was den Mangel sowie die daraus resultierenden Beschwerden verschlimmert.

Ein Mangel an Ballaststoffen, die ja vom Weizenkorn entfernt wurden, kann zu Darmträgheit und somit zu Verstopfung führen. Besteht eine solche, ist die Entgiftung des Körpers gestört. Außerdem entstehen im Darm Giftstoffe, die durch die Darmschleimhaut in den ganzen Organismus gelangen, der seinerseits wiederum versucht, sich ihrer zu entledigen. Funktioniert die Entgiftung dann nicht, wird der Mensch krank.

Das Beispiel des Getreidekorns soll Ihnen veranschaulichen, wie sich denaturierte (unnatürliche, industriell bearbeitete, veredelte) Nahrungsmittel negativ auf die Gesundheit auswirken können. Und was für das Getreidekorn gilt, hat auch für alle anderen nicht naturbelassenen Nahrungsmittel im übertragenen Sinne Gültigkeit.

## Seelisch-psychische Störungen und Zivilisationskrankheiten

Der Mensch ist eine Einheit aus Körper, Seele und Geist. Viele wissen aus eigener Erfahrung, daß sich Kopfschmerzen negativ auf die Stimmung und die Leistungsfähigkeit auswirken. Wer einen grippalen Infekt mit Schnupfen hat, also im wahrsten Sinne des Wortes die Nase voll hat, kann nicht mehr so klar denken wie sonst.

Körperliche Beschwerden sind sehr oft mit seelischen Problemen vergesellschaftet. Die Weisheit der Sprache zeigt dies. Jemand hat von seinem Chef „die Nase voll", und schon zwingt ihn sein Schnupfen, ein paar Tage zu Hause zu bleiben. Einem anderen „sitzt die Angst im Nacken" – er ist verspannt. Seelische Anspannung äußert sich oft in muskulärer Verspannung, beispielsweise im Nacken oder im Rücken beziehungsweise im Kreuz. Viele gebräuchliche Redewendungen zeigen, daß ein Zusammenhang zwischen Seele und Körper besteht: Der Nachbarin ist etwas „auf den Magen geschlagen". Dem Kollegen „geht der Streß an die Nieren". Das Kind „fühlt sich nicht wohl in seiner Haut".

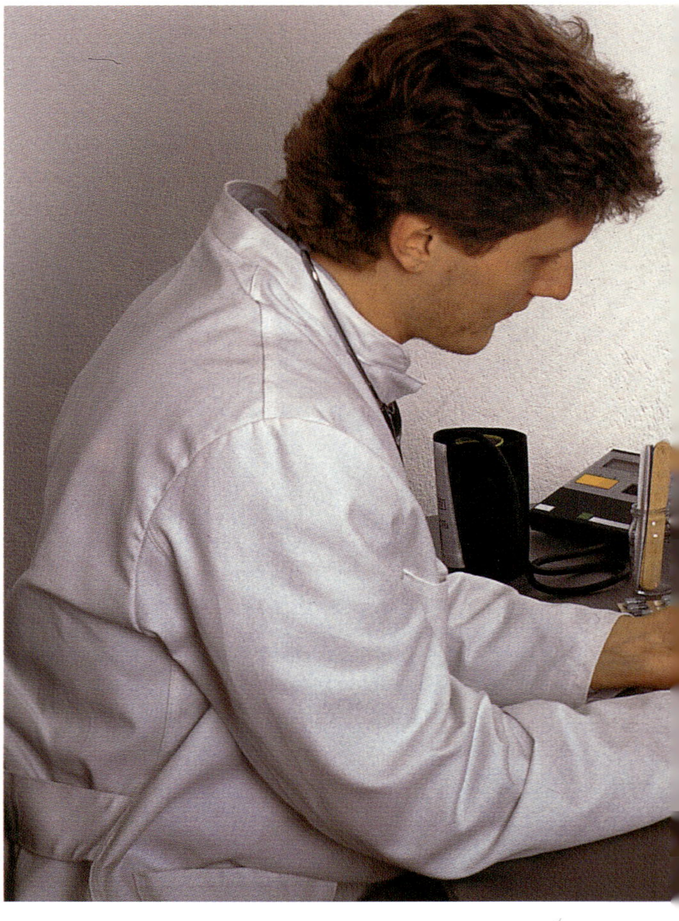

**Erst in einem intensiven und offenen Gespräch zwischen Arzt und Patient können alle Ursachen der Beschwerden aufgedeckt werden**

So, wie sich ein mit weniger Giftstoffen belasteter, besser entschlackter und schlankerer Mensch körperlich wohler fühlt, wirkt sich all dies natürlich auch positiv auf die Seele und das Gefühlsleben aus. Und dann ist die Gefahr, eine Zivilisationskrankheit zu bekommen, geringer.

## Allergien – nie waren sie so häufig wie heute

Daß heute in fast jeder Familie jemand an einer Allergie leidet, ist schon auffällig – und sehr bedenklich. Die Allergien nehmen zu. Schulmediziner schätzen, daß rund 40% aller Menschen auf irgend etwas allergisch reagieren. Ganzheitlich arbeitende Ärzte setzen ihre Schätzung sogar bei über 90% an! Woher kommt diese Zunahme der Allergien? Unsere moderne Lebensweise bringt viele Annehmlichkeiten mit sich: weniger körperliche Arbeit, größere Mobilität, schnellere Kommunikation, um nur ein paar der vielen Errungenschaften der Technik zu nennen. Ihnen stehen auf der anderen Seite gegenüber: Umweltzerstörung, saurer Regen, Abgasbelastung, Lärm, Reizüberflutung, Hektik, belastender Streß, falsche Ernährung, Artensterben und vieles mehr. Und damit ist die steigende Zahl der chronisch Kranken verknüpft, bei denen die in Teilbereichen (zum Beispiel Unfallchirurgie und Behandlung akuter bakterieller Infektionen) sehr erfolgreiche Schulmedizin vor großen Problemen steht.

Wer beispielsweise viele Süßigkeiten und Auszugsmehlprodukte (zum Beispiel Weißbrot, Kuchen), aber auch insgesamt zuviel, zu fett, zu salzig, zu eiweißreich und falsch kombiniert ißt, belastet sich damit. Wer außerdem raucht, sich wenig bewegt, insgesamt unausgewogen lebt und womöglich noch seinen Schlafplatz über einer Wasserader und neben dem Kopfende seines Bettes einen Radiowecker hat, wer obendrein wenig Luft und wenig Sonne abbekommt, wird kaum vor Gesundheit strotzen. Wer dann noch Kleidung aus synthetischem Material trägt, Preßspanmöbel mit Formaldehydausdünstungen in der Wohnung hat und nicht zu knapp Abgase einatmen muß, braucht sich nicht über Allergien oder andere Krankheiten zu wundern, die dann „ganz plötzlich“ ausbrechen.

Allergische Symptome sind nicht nur der allgemein bekannte Heuschnupfen, Asthma, allergische Bindehautentzündung und juckende Quaddeln auf der Haut. Nein! Wußten Sie, daß sich auch folgende Symptome nicht selten auf Allergien zurückführen lassen: Kopfschmerzen, Migräne, Seh- und Konzentrationsstörungen, Schwächeanfälle, Erschöpfungszustände, Depressionen, Gelenkschwellungen und -beschwerden, Ohrgeräusche, Schwindelgefühle, abnorme Müdigkeit, Frauenleiden, Bauch-, Herz-Kreislauf- und Atembeschwerden?

Durch Trennkost können Sie diesen Beschwerden vorbeugen! Wie? Lesen Sie weiter...

## Die Wirkung der Trennkost bei Zivilisationskrankheiten

### Ein Beispiel aus der Praxis

Eine 53 Jahre alte Patientin kam wegen einer Vielzahl von Beschwerden zu mir in die Klinikambulanz: sie litt an schweren Kreuzschmerzen. Blutdruck, Blutfette und Harnsäure waren erhöht. Bei 1,66 m Größe war sie mit 82 kg übergewichtig. Außerdem klagte sie über schmerzhafte Verspannungen, insbesondere in der Schulternackenmuskulatur, die sich über den Hinterkopf und die Schläfen bis in die Stirn zogen, was die Patientin sehr belastete. Das Gedächtnis und die Konzentration hatten in letzter Zeit deutlich nachgelassen. Insgesamt war sie schnell erschöpft, oft müde und wenig belastbar. Bei körperlicher Anstrengung wurde ihr die Luft knapp. Die Schmerzen in den Kniegelenken waren besonders beim Treppenhinuntergehen sehr stark. Seit der Geburt ihres zweiten Kindes bestand eine so schwere Blasenschwäche, daß ihr beim Husten, Lachen und Laufen oft Urin abging. Das war ihr natürlich sehr unangenehm. Darunter litt auch ihr Sexualleben. Außerdem neigte die Patientin zu wiederkehrenden Nasennebenhöhlenentzündungen. Seit sieben bis acht Jahren traten immer wieder depressive Verstimmungszustände und Hitzewallungen auf, und in letzter Zeit litt sie unter gehäuften Ein- und Durchschlafstörungen.

Die Patientin nahm täglich verschiedene Medikamente ein, die sie von vier verschiedenen Ärzten verschrieben bekam. Jedoch weder dies, noch ein fünfwöchiger Aufenthalt im Krankenhaus hatten ihr entscheidend geholfen. Nach dem Klinikaufenthalt bekam sie zusätzlich noch Magenbeschwerden, offenbar von den Schmerztabletten, die sie gegen die starken Wirbelsäulenbeschwerden nehmen mußte.

Nachdem ich die Patientin gründlich befragt und untersucht hatte, wurde noch die sogenannte Elektroneuraldiagnostik nach Croon durchgeführt. Diese zeigte den Energieverlust der Patientin und ihre Schwachpunkte mit besonders schlechten Werten über der Lendenwirbelsäule sowie im vegetativen Nervensystem. Im Rahmen der ganzheitsmedizinischen Behandlung wurden nicht nur die einzelnen Symptome der Patientin gelindert. Wir gingen gemeinsam an die Ursachen heran und aktivierten, soweit möglich, über gezielte Impulse die Selbstheilungskräfte. Es gelang mir, die Patientin von den Vorteilen einer naturgemäßen Lebensführung zu überzeugen. Sie erkannte, von welch entscheidender Bedeutung dabei die natürliche Ernährung ist. Die Patientin stellte ihre Ernährung daher nach ein bis zwei Fastentagen und einem Umschalttag allmählich auf die Haysche Trennkost um. Sie arbeitete gut mit, denn sie hatte ihre eigene Verantwortung für den Gesundungsprozeß erkannt. Ich riet ihr, täglich mindestens einmal zwanzig Minuten stramm spazierenzugehen. Die eigenen Bemühungen der Patientin, die nun außerdem Entspannungs- und Atemübungen durchführte, wurden lediglich durch wenige pflanzlich/-homöopathische Medikamente unterstützt. Gezielte und kontrollierte Aderlässe sowie Elektroneuraltherapie und Neuraltherapie kamen hinzu.

Nach zwei anfänglichen kurzen „Gesundungskrisen", in denen einige der bestehenden Beschwerden der Patientin kurzfristig akuter und verstärkt aufgetreten waren, kam es zu einer hocherfreulichen Besserung. Nach sechs Wochen ambulanter Therapie stellte sich mir eine heitere, entspannte, 7 kg leichtere Patientin vor, deren Kraft- und Allgemeinzustand sich wesentlich verbessert hatte. Sie war bis auf wenige Restprobleme beschwerdefrei.

Besonders wesentlich ist, daß die Frau wieder Selbstvertrauen gefunden hatte. Sie konnte erleben, daß sich die naturgemäße Lebensführung und insbesondere die Haysche Trennkost sehr positiv auf ihre Seele, ihren Körper und ihren Geist ausgewirkt haben. Dies motivierte sie, in dem begonnenen Sinne fortzufahren. Die gelegentlich noch auftretenden Stimmungstiefs waren weit weniger ausgeprägt als früher, sie konnte mit belastenden Lebenssituationen viel besser umgehen und fühlte sich auch wieder viel mehr als Frau.

In größeren Abständen habe ich die Patientin immer wieder gesehen, wenn vorübergehend noch einmal vermehrt Beschwerden auftraten. Insgesamt gesehen hat sie eine überaus positive Entwicklung durchgemacht. Sie ist wesentlich selbstsicherer geworden und hat mit 67 kg ein Gewicht erreicht, bei dem sie sich wohlfühlt und sich auch gerne im Spiegel ansieht. Nach der Gewichtsabnahme, der dadurch gewonnenen Selbstsicherheit und dem Verschwinden der Blasenschwäche kann sie mit ihrem Mann auch das Sexualleben wieder genießen. Die größere Vitalität hat sich ebenfalls positiv auf ihre Stimmung ausgewirkt. Die früher im Zusammenhang mit den Hitzewallungen aufgetretenen Verstimmungszustände sind fast völlig verschwunden. Die Patientin sagt von sich selbst: „Ich bin viel ausgeglichener, kann mit Problemen besser umgehen, meine Stimmung ist insgesamt viel besser, ich bin auch nicht mehr so gereizt wie früher."

In der anfänglichen Euphorie über die sehr positive Wirkung der Ernährungsumstellung und Behandlung wollte die Frau natürlich Bekannte und Verwandte missionieren und zur Trennkost bekehren. Das ging zunächst schief, weil ihre überschwengliche Art eher Abwehrreaktionen hervorrief. Als sie dann aber immer ausgeglichener wurde und die Mitmenschen ihre körperlich-seelische Veränderung bemerkten, versuchten einige schließlich doch, ihrem Vorbild nachzueifern. Und siehe da, bei denen, die sich wirklich im wesentlichen an Trennkost hielten, traten ebenfalls zahlreiche positive Wirkungen im körperlich-seelisch-geistigen Bereich auf.

## Verblüffende Ergebnisse durch Umstellung auf gesunde Ernährung

In einigen amerikanischen Gefängnissen wurde eine interessante Versuchsreihe durchgeführt: Statt der üblichen Zivilisationskost verabreichte man den besonders verhaltensauffälligen und aggressiven Inhaftierten vollwertige und naturbelassene Nahrung. Diese zeigte eine erstaunlich positive Wirkung auf die Verhaltensstörungen und das Aggressionspotential. Die Erfolge waren so überzeugend, daß mittlerweile in den Vollzugsanstalten in 42 von 50 Bundesstaaten der USA Ernährungsumstellungen im besagten Sinne vorgenommen wurden.

Auch Verhaltensauffälligkeiten bei Kindern, wie Hyperaktivität (krankhaft übersteigerter Bewegungsdrang), Konzentrationsstörungen und aggressives Verhalten, konnten durch Umstellung auf naturbelassene, vollwertige Ernährung (wozu auch die Haysche Trennkost gehört) in teilweise hocherfreulicher Weise gebessert werden. Natürlich spielen außer der Ernährung noch eine Reihe anderer wesentlicher Faktoren bei der Entstehung von Verhaltensauffälligkeiten, emotionalen Störungen, Konzentrationsmangel und Aggressionen eine Rolle. Die vielen Negativbeispiele von Aggression und Gewalt im Fernsehen, Reizüberflutung, fehlende positive Vorbilder, Mangel an Geborgenheit in der Familie, Elektrosmog und Licht aus Neonröhren statt natürlichem Sonnenlicht sind dabei wohl die wichtigsten. Es gibt zwar vielfältige Möglichkeiten, hier positiv zu wirken, doch ist vor allem das Engagement jedes einzelnen gefragt, der hier im Sinne einer Besserung für Mensch, Umwelt und Natur wirken muß.

Ein entscheidender Ansatzpunkt zur Verbesserung des körperlichen Gesamtzustandes ist und bleibt die gesunde Ernährung. Bereits 1940 wiesen Prof. Hoff und seine Mitarbeiter nach, daß sich eine Gewebsübersäuerung negativ auf das Gefühlsleben auswirkt. In der Literatur wird berichtet, daß bei hohem Fleischverzehr gehäuft aggressives Verhalten auftrete, bei reinen Vegetariern dagegen eine größere Friedfertigkeit vorzufinden sei.

Betrachtet man Verdauungstrakt, Gebiß und andere Organe des Menschen, legt dies die Vermutung nahe, daß der Mensch eher nicht zu den Fleischfressern gehört. Er hat keine Pranken wie ein Raubtier, keine Zähne, die Fleischstücke herausreißen können, sondern eher Zähne, die dazu geeignet sind, die Nahrung zu zermahlen. Wenn also im Rahmen der Trennkost empfohlen wird, vor allem Salat, Obst und Gemüse zu essen – drei Viertel der täglichen Nahrung sollte aus diesen Basenbildnern bestehen, davon der größere Teil in roher, naturbelassener Form –, so schließt das mäßigen Fleischgenuß nicht aus.

In den Mangeljahren des zweiten Weltkriegs wurde beispielsweise ein dramatischer Rückgang ernährungsbedingter Erkrankungen festgestellt, was im wesentlichen daran liegen kann, daß die Menschen insgesamt weniger, aber insbesondere auch weniger Fleisch zu sich genommen haben.

# Klinische Beweise für die Wirksamkeit der Trennkost

Die von Dr. Hay entwickelte Kostform wurde von Dr. Ludwig Walb Trennkost genannt und von ihm in Europa bekannt gemacht. Dr. Walb führte eine ganze Reihe klinischer Untersuchungen zur Wirksamkeit der Trennkost durch und hat auch verschiedene Arbeiten darüber veröffentlicht.

Neben den von Dr. Walb durchgeführten klinischen Studien wird die Wirkung der Trennkost durch eine Reihe gut dokumentierter Einzelfälle belegt. Hier ein Beispiel:

Ein 11jähriger Junge kam 1935 zur Behandlung zu Dr. Walb, nachdem er von dem damals sehr bekannten Nierenspezialisten Prof. Volhard wegen Schrumpfniere aufgegeben worden war. Alle Behandlungsversuche, inklusive einer Klimakur in Ägypten, waren leider erfolglos geblieben. Nach Umstellung auf Trennkost gesundete der Junge völlig. Er wurde Sportflieger und war 25 Jahre später als Leiter einer Auslandsabteilung tätig. Bei Nachuntersuchungen ergaben sich keine pathologischen Befunde mehr.

## Trennkost bei Nierenerkrankungen

Bei der Behandlung von Nierenerkrankungen erweist sich die Trennkost als vorteilhaft. Hier ein Beispiel: 120 Nierenpatienten (alle von der Schulmedizin als unheilbar krank bezeichnet) kamen in die Klinik von Dr. Walb und wurden dort mit der Hayschen Trennkost behandelt. Der Gesundheitszustand von 80% der Patienten konnte gebessert werden oder sie wurden sogar völlig geheilt. Das rechtfertigt zumindest einen Behandlungsversuch mit Trennkost bei Nierenpatienten, die eine Einschränkung der Nierenfunktion haben. Eine darüber hinaus unter Umständen notwendige urologisch-operative Behandlung sollte allerdings nicht versäumt werden.

Wie kann die Wirkung der Trennkost erklärt werden? Durch die bestimmte Ernährungsform wird eine meßbar größere Flüssigkeitsausscheidung über die Niere erreicht, wodurch Herz und Nieren entlastet werden. Übrigens, was bei kranken Nieren positiv wirkt, könnte auch gesunden Nieren zur Vorbeugung dienen.

In einer von mir veröffentlichten Arbeit: „Die Haysche Trennkost bei chronischen Nierenerkrankungen“ (1990) habe ich schon darauf hingewiesen, daß bei Patienten mit chronischer Niereninsuffizienz die Haysche Trennkost individuell modifiziert werden muß. Sie sollte salz- und eiweißarm sein.

Zahlreiche Untersuchungen, Einzelfallbeschreibungen und Sammelstatistiken zeigten folgendes: Durch die Haysche Trennkost wird die Menge der Substanzen im Blut verringert, die über den Harn ausgeschieden werden müssen. Die Harnausscheidung nimmt zu, insbesondere bei einer Flüssigkeitseinlagerung im Gewebe. Die Eiweißausscheidung über den Urin ist rückläufig. Die durch Nierenkrankheit bedingte Erhöhung des Blutdrucks nimmt ab. Rund 80% der chronischen Nierenerkrankungen wurden geheilt oder doch zumindest gebessert.

In der genannten Arbeit habe ich auch aufgezeigt, wie die überstarke Durchströmung der Nierenglomerula (kleinste Funktionseinheiten der Niere, Blutgefäßknäuelchen) durch eiweißarme Trennkost gemindert werden kann. Dadurch kann ein langsameres Fort-

**Cholesterinreiche Lebensmittel begünstigen die Entstehung von Herz-Kreislauf-Erkrankungen. Die Trennkost ist dann, da cholesterinarm, eine ideale Kostform**

schreiten chronischer Nierenerkrankungen oder sogar eine Stabilisierung des Zustandes erreicht werden. Weitere positive Einflüsse einer eiweißreduzierten Diät sind eine Senkung der Blutfette, eine verminderte Aktivierung von Immunzellen, eine Hemmung wachstumsfördernder Faktoren sowie eine Verminderung der Phosphatzufuhr. Diese Ergebnisse wurden durch englische und australische Studien 1989 bestätigt.

Die Grenzen der Therapie von Nierenerkrankungen durch die Trennkost liegen jedoch bei der dialysepflichtigen Niereninsuffizienz, das heißt, bei einer derart eingeschränkten Nierenfunktion, bei der die künstliche Niere zur Behandlung notwendig ist.

## Trennkost bei Herz-Kreislauf-Erkrankungen

In der Klinik Dr. Walb bestätigte sich immer wieder der Wert der Trennkost als Basistherapie bei Herzpatienten. Dies ist um so bedeutsamer, als eine beträchtliche Zahl belastender Faktoren im Leben der Patienten nur schwer oder gar nicht zu ändern ist, zum Beispiel berufsbedingter und anderer Streß. Eine Umstellung der Ernährung jedoch ist für jeden jederzeit möglich.

Der Wissenschaftler Sander stellte fest, daß alle schweren Erkrankungen, auch Herzinfarkt und Schlaganfall, von einer verborgenen Übersäuerung begleitet sind. Der Stuttgarter Internist Kern, der sich lange intensiv mit der Übersäuerung befaßt hat, bezeichnet Herzinfarkt und Schlaganfall sogar als „Säurekatastrophen“. Nun haben wir bereits erläutert, daß und wie die Trennkost der Übersäuerung entgegenwirkt. Unsere Erkenntnisse werden von vielen Forschern weltweit bestätigt.

Selye und schweizer Forscher wiesen darauf hin, daß sich durch die richtige Ernährung sogar der Zustand arteriosklerotisch verdichteter und veränderter Gefäßwände wieder bessern, beziehungsweise normalisieren kann.

Vor wenigen Jahren hat der kalifornische Arzt Ornish durch Herzkatheteruntersuchungen bewiesen, daß sich durch Diät, Entspannung und Bewegungstherapie Verkalkungen der Herzkranzgefäße zurückbilden lassen.

Und Dr. Walb konnte zeigen, daß durch Trennkost die Blutgerinnung (gemessen durch den „Quickwert“) verringert wird. Er stellte laborchemisch fest, daß der Quickwert für die Gerinnung im Durchschnitt bei 80% seiner Klinikpatienten nach Verabreichung von Trennkost sank. Die Besserung war also derart gut, daß das Blut dünnflüssiger und somit das Risiko für Herzinfarkt, Thrombose und Schlaganfall kleiner war.

Gottheiner machte nach Verabreichung von Trennkost sehr günstige Beobachtungen bei der Rehabilitation von Infarktpatienten. Ebenso beobachteten bedeutende Leistungssportler eine verkürzte Erholungsphase, größere Leistungsfähigkeit und geringere Herzbelastung, wenn sie sich nach der Trennkost ernährten.

In einer Studie wurde bei über 90% der Patienten, die einen erhöhten Blutcholesterinspiegel hatten, nach vierwöchiger Befolgung der Trennkost beobachtet, daß die Cholesterinspiegel sanken, beziehungsweise sich normalisierten. Damit sind die Risiken für die Entstehung einer Arteriosklerose und ihrer Folgeerscheinungen (der Herzkranzgefäßverkalkung mit Belastung des Kreislaufs) wesentlich geringer.

Dr. Walb wurde nicht müde zu betonen, daß man denaturierte Nahrungsmittel soweit wie möglich meiden sollte, da sie weniger und langsamer sättigen, man also zuviel davon ißt. Bei allen Herz- und Kreislauf-Krankheiten sollten grundsätzlich mehrere kleine Mahlzeiten den mengenmäßig großen vorgezogen werden. Sind diese kleineren Portionen außerdem im Sinne der Trennkost gestaltet, sind sie zudem noch besser bekömmlich. Das rasche Verschwinden des Völlegefühls empfindet gerade der Herzkranke dankbar als deutliche Erleichterung.

Statistisch gesehen sterben zur Zeit 45% von uns Mitteleuropäern an Folgen der Arteriosklerose, also an Herzinfarkt oder Schlaganfall. Das sollte einem zu denken geben.

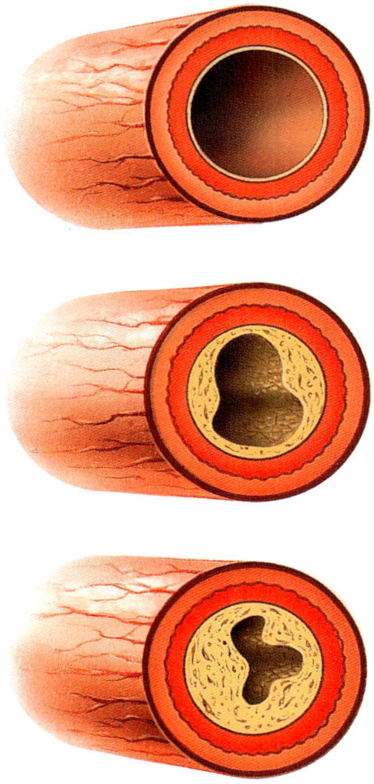

**Arteriosklerose entsteht durch die Verengung der Blutgefäße**

Mittlerweile ist allgemein bekannt, daß Herzkranzgefäßerkrankungen durch entsprechende Ernährung hinauszuzögern oder gar zu verhindern sind. Das Erkrankungsrisiko kann durch eine Senkung des Cholesterins sowie anderer Fette im Blut vermindert werden. Bei Bevölkerungsgruppen mit einem niedrigen Cholesterinspiegel und einer niedrigen Konzentration anderer Blutfette tritt die Herzkranzgefäßverengung seltener auf als bei Bevölkerungsgruppen mit hohen Cholesterin- und Blutfettwerten. Diese Ergebnisse sind insofern von Bedeutung, als ein klarer Zusammenhang zwischen der Nahrung und der Konzentration von Cholesterin und anderen Fetten im Blut aufgezeigt werden konnte. Die übliche, oft sehr fett- und cholesterinreiche Zivilisationskost führt zu krankhaft erhöhten Blutfettwerten mit größerem Risiko für einen Herzinfarkt oder Schlaganfall. Auch für Sie dürfte es beruhigend sein zu wissen, daß Sie durch die Trennkost die Möglichkeit haben, einen bessernden und zugleich vorbeugenden Einfluß auf Herz-Kreislauf-Erkrankungen zu haben.

## Trennkost bei Diabetes

Dr. Walb berichtete von einem 55jährigen Patienten, der seit sechs Jahren an Diabetes (Zuckerkrankheit) litt. Im Labor ließ sich eine massiv erhöhte Zuckermenge im Urin nachweisen (normalerweise sollte im Urin kein Zucker vorhanden sein). Der Blutzuckerspiegel lag bei diesem Patienten um 350 mg% (der Normalwert liegt unter 110 mg%). Der Mann hatte eine tägliche Harnmenge von mehr als sechs Litern und mußte sich 50 Einheiten Insulin pro Tag spritzen. Nach der Ernährungsumstellung auf Trennkost sank der Insulinbedarf im Laufe von vier Monaten auf Null und die Harnmenge auf einen normalen Wert von 1,6 Litern pro Tag. Der Blutzuckerspiegel lag bei mehrfachen Kontrollen im Durchschnitt bei 150 mg%, und im Harn war kein Zucker mehr nachweisbar.

Noch ein Beispiel aus der Praxis: Ein 54jähriger Patient, ebenfalls Diabetiker, mußte seinen Beruf aufgeben. Durch seine Krankheit war er auf einem Auge blind geworden, und auf dem anderen bestand nur noch eine Sehleistung von 50%. Der Mann wurde mit der Trennkost als Basistherapie stationär behandelt. Nach sechs Wochen besserte sich sein Sehvermögen so erheblich, daß er auf der Straße die Wegweiser lesen konnte und aus der Nähe Einzelheiten erkannte. Die Insulindosis konnte auf die Hälfte gesenkt werden. Nach einiger Zeit war er wieder in der Lage, seinem Beruf nachzugehen.

Wie in dem Buch „Original Haysche Trenn-Kost" von Walb/Heintze beschrieben, müssen Diabetiker die Trennkost in einer modifizierten, ihrer Erkrankung angemessenen Form durchführen, wobei sie dies in jedem Fall mit ihrem betreuenden Arzt besprechen sollten.

Bei Diabetikern, die Insulin spritzen müssen, sollten die Kohlenhydratmahlzeiten im Anschluß an die morgendliche und abendliche Insulinspritze verzehrt werden. Zwischendurch empfiehlt es sich, kleinere Zwischenmahlzeiten einzunehmen, die reich an Basenbildnern (Gemüse, Obst, Salat) sind.

Dr. Walb konnte zeigen, daß bei 210 in seiner Klinik unter anderem mit Trennkost behandelten Diabetikern nach durchschnittlich vier bis sechs Wochen die Harnzuckerwerte um rund 98% und die Blutzuckerwerte um rund 90% sanken. Die Insulineinheiten konnten ebenfalls um durchschnittlich 37% reduziert werden. Außerdem besserten sich die Kreislaufbeschwerden. Bei fünf der Patienten konnte sogar die Amputation von Zehen, Fuß oder Unterschenkel umgangen werden.

Die klinische Erfahrung mit Trennkost zeigt, daß bei Diabetikern, die höhere Insulineinheiten spritzen, schnellere und bessere Erfolge zu erzielen sind, als bei den anderen Diabetikern.

Grafe und andere konnten aufgrund ihrer großen Erfahrung feststellen, daß eine exakte Stoffwechselkontrolle über Jahre und Jahrzehnte hinweg die beste Vorbeugung gegen die üblichen diabetischen Gefäßschäden ist. Was versteht man nun unter guter Stoffwechselkompensation? Zunächst die Beseitigung der Übersäuerung, dann aber auch die Senkung des Blutzuckerspiegels auf den Normalwert. Hierzu ist die Trennkost ein sicheres und einfaches Mittel. Die medikamentöse Behandlung wird durch die Trennkost nicht behindert. Der Reichtum der Trennkost an Ballaststoffen führt dazu, daß die einzelnen Bestandteile der Kohlenhydrate, die Glukose, langsamer ins Blut gelangen. Der Blutzuckeranstieg ist also geringer und erstreckt sich über einen längeren Zeitraum, anstatt schnell auf- und abzuschwanken. Die körpereigene Insulinproduktion kann, sofern noch vorhanden, besser damit zurechtkommen. Die reaktive, übermäßige Insulinausschüttung, die zu einem raschen Abbau des Blutzuckers mit nachfolgendem Gefühl der Unterzuckerung und erneutem Heißhunger führt, kann vermieden werden.

**Viel Obst und Gemüse (Basenbildner) hält fit und gesund**

## Trennkost als Therapie

In einer 1984 veröffentlichten Arbeit zeigte Dr. Walb bei 133 Patienten das Verhalten pathologischer Serumwerte nach vier Wochen Trennkost. In der 1978 durchgeführten Studie untersuchte Walb 82 weibliche und 51 männliche Patienten mit einem Durchschnittsalter von 58 Jahren. Die Patienten litten an verschiedenen Krankheiten, zum Beispiel an Erkrankungen des Herz-Kreislauf-Systems und der Verdauungsorgane, an Diabetes, Nierenkrankheiten, Rheuma, Tumoren und Allergien. Die untersuchten Blutwerte besserten sich in den vier Wochen, in denen ausschließlich Trennkost verabreicht wurde, um durchschnittlich 80%. Im einzelnen handelte es sich um folgende Meßgrößen: weiße Blutkörperchen, Calcium, die Leberwerte Gamma GT, GPT und GOT, alkalische Phosphatase, die Blutsenkung, die Nierenwerte, Harnsäure-, Kreatinin-, Reststickstoff- und Harnstoffgehalt, das Gesamteiweiß sowie die verschiedenen Blutfette, Triglyzeride und das Gesamtcholesterin.

Bei einer anderen Studie mit 620 Patienten aus verschiedenen Krankheitsgruppen ergab sich folgendes Ergebnis: Das Serumcholesterin normalisierte sich innerhalb von vier Wochen nach Umstellung der Ernährung auf Trennkost in 86% der Fälle. Diese große Zahl der im Rahmen einer klinischen Studie untersuchten Patienten zeigt auf beeindruckende Weise, wie sich die Beobachtungen von Dr. Hay auch klinisch-wissenschaftlich bestätigen lassen. Ich schließe mich Dr. Walb an, der sagte: „Es wäre zu wünschen, daß sich die Wissenschaft dieser Ernährungsart systematisch zuwendet, um ihre wahrscheinlich komplexen Effekte weiter aufzuschlüsseln."

# Experimentelle Beweise für die Wirksamkeit der Trennkost

## Unverträglichkeit von Nahrungsbausteinen

Dr. Arthur Cason berichtete 1945 von Experimenten, die er und seine Mitarbeiter durchgeführt hatten. In Band II von „The hygienic system" (Das Gesundheitssystem) beschreibt Herbert M. Shelton diese Experimente, durch die Cason und seine Mitarbeiter bewiesen, daß der gleichzeitige Verzehr von Kohlenhydraten und konzentriertem Eiweiß die Verdauung verlängere und diese dann nur noch unvollständig stattfinden könne. Bei Kontrolluntersuchungen wurden in dem Experiment die Verdauungsgeschwindigkeit dokumentiert und der Stuhlgang analysiert. Das Ergebnis (Zitat): „Derartige Versuche zeigen immer, daß sich die Eiweißverdauung im Magen verzögert, wenn gleichzeitig stärke-(kohlenhydrat)reiche Nahrung aufgenommen wird, und zwar in unterschiedlichen Ausmaßen, je nach Person und Art des verzehrten Eiweißes oder der verzehrten Stärke. Bei der Untersuchung des Stuhls zeigten sich sowohl unverdaute Stärkekörnchen als auch Eiweißstückchen und Fasern, während bei getrennter Aufnahme von Eiweiß und Stärke keine derartigen Rückstände verblieben."

Bei einer harmonischen Kombination der Lebensmittel innerhalb einer Mahlzeit gemäß den Richtlinien der Trennkost wurde die Nahrung hingegen vollständig abgebaut, aufgenommen und vom Organismus ihrer Bestimmung zugeführt. In der Studie konnte weiterhin festgestellt werden, daß der Verzehr von falsch kombinierten Lebensmitteln unter Umständen spätere Leberschäden nach sich ziehen kann, wobei die Konsequenzen mit denen nach exzessivem und langandauerndem Alkoholgenuß vergleichbar sind.

**Verzehrt man eiweißreiche (im Bild unten) und kohlenhydratreiche (im Bild oben) Lebensmittel zusammen, kann es zu einer verzögerten Verdauung kommen**

**Gemischte Mahlzeiten können eine Verstopfung begünstigen**

## Die Pawlowschen Hunde

Dr. Hay bezeichnete die Verstopfung als eine der Hauptursachen für eine Übersäuerung und äußerte die Vermutung, daß sie bei längerem Bestehen Ursache vieler degenerativer Erkrankungen sein könne. Dies ist durch moderne medizinische Erkenntnisse bestätigt worden. Verstopfung ist so gut wie sicher ein wesentlicher Faktor bei der Entstehung von Dickdarmkrebs.

Hay nahm auch unverträgliche Nahrungsmittelkombinationen und einen Mangel an Ballaststoffen in seine Liste der Ursachen für die Übersäuerung auf. Einen Beweis dafür, daß auch diese Annahme Hays stimmt, lieferte der englische Arzt Dr. Lionel J. Picton in einer 1931 publizierten Arbeit. Picton bezog sich in dieser auf ein bekanntes Laborexperiment, das der berühmte russische Nobelpreisträger Iwan Pawlow an Hunden durchgeführt hatte. Bei dem Experiment hatte Pawlow folgendes festgestellt: Hackfleisch, an einen Hund verfüttert, wird in ungefähr vier Stunden verdaut. Kohlenhydratreiches Futter passiert einen Hundemagen in einer viel kürzeren Zeit, nämlich in 1,5 Stunden oder weniger. Weißbrot wird dabei langsamer verdaut als Vollkornbrot. Wurde aber Fleisch zusammen mit kohlenhydratreichen Lebensmitteln verfüttert, kam es zu einer erheblichen Verzögerung der Verdauung. Statt der etwa vier Stunden, die das Fleisch allein benötigte, brauchte dieses Gemisch acht und mehr Stunden, um den Magen zu passieren.

Dr. Picton argumentierte, daß diese Verzögerung in einem Teilbereich des Verdauungstraktes zu Verzögerungen im gesamten Verdauungsapparat führen kann. Seine Schlußfolgerung hieß: Gemischte Mahlzeiten, wie beispielsweise Fleisch und Brot, begünstigen eine Verstopfung. Werden hingegen Fleisch und Salat (ein eiweißreiches Gericht) als eine Mahlzeit und Brot mit Butter (kohlenhydratreiches Gericht) später als separate Mahlzeit gereicht, ergibt sich kein solcher Effekt. Seine an Patienten durchgeführten Fallstudien unterstützen diese Vermutung.

Neuere Forschungen zeigten, daß der tägliche Stuhl in westlichen Ländern im Vergleich zu dem von bäuerlich lebenden Afrikanern und Asiaten (die sich von naturbelassenen Lebensmitteln ernähren) hart und zäh ist. Die Verdauungstransitzeit, also die Zeit, die die Nahrung braucht, um den Verdauungstrakt zu passieren, kann bei Menschen aus westlichen Ländern bis zu fünf Tage betragen, anstelle der „natürlichen" 24 Stunden. Viele Menschen denken, sie hätten keine Verstopfung, weil sie täglich Stuhl haben, tatsächlich aber sind sie sehr verstopft. Übrigens, die Passagezeit können Sie mit einer Spinatmahlzeit, die den Stuhl grün färbt, oder mit roten Beeten, die zu einer Rotfärbung führen, kontrollieren. Probieren Sie es einmal aus!

## Laborexperimente bestätigen Dr. Hays Konzept

1936 wurde durch die Arbeit von drei Forschern in Philadelphia/USA die Überlegung von Dr. Hay auf interessante Weise bestätigt. In seiner Arbeit: „Mensch lebe, du bist halb tot!“ (Bartholomew House inc., 1956) schildert Dr. Daniel Munro eine Studie mit fünf Probanden (Versuchspersonen), die von diesen drei Forschern durchgeführt wurde. Dabei zeigte sich, daß die Menge der produzierten Magensäure nach reinen Fleischmahlzeiten, nach reinen Kohlenhydratmahlzeiten und nach kombinierten Mahlzeiten (mit Eiweiß und Kohlenhydraten) jeweils unterschiedlich ist. 1¼ Stunden nach diesen Mahlzeiten waren die Mageninhalte am sauersten, doch war der Säuregrad nach einer hochkonzentrierten Eiweißmahlzeit am höchsten und nach einer hochkonzentrierten Kohlenhydratmahlzeit am geringsten. Nach der gemischten Mahlzeit lag er in der Mitte zwischen beiden Werten. Bei der gemischten Mahlzeit wurde das Eiweiß nur mühsam verdaut, denn es lag im Magen ein sehr viel niedrigerer Säurespiegel als benötigt vor. Die Säuremenge war wegen der gleichzeitigen Anwesenheit der Kohlenhydrate und ihrer begleitenden Basen um ein Drittel verringert. Diese Studie zeigt, daß eine Mahlzeit, die sowohl hochkonzentrierte Kohlenhydrate als auch hochkonzentriertes Eiweiß enthält, dazu führen kann, daß für die Kohlenhydratverdauung im alkalischen Milieu (siehe dazu auch Seite 13) zuviel Säure da ist, jedoch gleichzeitig aber zuwenig Säure da ist, um die Eiweißverdauung optimal zu gewährleisten. Die Magensäureproduktion wird exakt in der Menge stimuliert, in der es die sich im Magen befindende Eiweißmenge verlangt. Das wurde auch durch Pawlows klassische Beobachtungen an Hunden gezeigt.

Wie günstig sich Trennkost bei Allergien gegen bestimmte Nahrungsmittel auswirkt, ergibt sich aus folgenden Untersuchungsergebnissen:

Histamin ist ein Stoff, der aus bestimmten körpereigenen weißen Blutkörperchen, insbesondere bei allergischen Reaktionen, ausgeschüttet wird. Histaminase ist das Enzym, welches das Histamin wieder abbaut.

Beim Verzehr von Mahlzeiten, die sowohl Eiweiß als auch Kohlenhydrate enthalten, steigt der Verbrauch an Histaminase an, weil Histamin gebildet wird. Beim Verzehr von Mahlzeiten, die nach den Richtlinien der Trennkost zusammengesetzt sind, ist dies nicht der Fall. Das ist ein weiterer klarer Hinweis darauf, daß Trennkostmahlzeiten bekömmlicher sind und daß beim Verzehr dieser Gerichte seltener allergische bzw. Unverträglichkeitsreaktionen auftreten, bzw. daß diese Reaktionen weniger stark ausgeprägt sind.

Trennkost wirkt sich günstig auf erhöhte Insulinspiegel aus. Dies beweist eine Studie, die im „American Journal of Clinical Nutrition 1994/60/Seite 48–53 veröffentlicht wurde (Slabber, M. et al: Effects of low-insulin-response, energyrestricted diet on weight loss and plasma insulin concentrations in hyperinsulinemic obese females).

In dieser Studie führten Forscher der Universität Bloemfontein in Südafrika an 30 übergewichtigen Frauen mit erhöhtem Blutinsulinspiegel die erste Langzeitstudie mit einer Art Trennkost durch. Acht Wochen lang aßen die Frauen eine kalorienreduzierte Kost (täglich ca. 1 200 Kilokalorien, davon 50 Energieprozent aus Kohlenhydraten, 20 Energieprozent aus Eiweiß und 30 Energieprozent aus Fett). Die eine Hälfte der Versuchspersonen aß dabei trennkostgerecht, nämlich kohlenhydratreiche und eiweißreiche Lebensmittel möglichst zu verschiedenen Tageszeiten, und außerdem nur Kohlenhydratträger mit der niedrigsten Insulinwirksamkeit (Linsen, Nudeln, Porridge, Vollkornreis). Nach einer sich anschließenden 12wöchigen Phase ohne Diät wechselten die Probandinnen ihre Diäten und aßen diese weitere 12 Wochen (dies nennt man „Cross-over“).

Erwartungsgemäß verloren beide Gruppen während dieser Studie an Gewicht, und die Nüchterninsulinwerte besserten sich. Allerdings waren die Effekte bei denjenigen Frauen, die gerade nach dem Trennungsprinzip aßen, deutlich besser. Ein durchschnittlich höherer Gewichtsverlust (um 1, 93 kg höher) und ein signifikant stärkerer Abfall beim Nüchterninsulin. Diese Ergebnisse konnten im Cross-over bestätigt werden.

Die C-Peptid-Konzentration war hingegen nicht verändert. C-Peptid (ein Überbleibsel der körpereigenen Insulinsynthese) wird in gleicher Menge wie Insulin ausgeschüttet, jedoch nur in geringerem Umfang von der Leber aus dem Blut gefiltert. Unveränderte C-Peptid-Werte deuten darauf hin, daß zwar weiterhin zuviel Insulin von den Beta-Zellen (das sind die insulinproduzierenden Zellen in der Bauchspeicheldrüse) gebildet wird, die Insulin-Clearance in der Leber jedoch erhöht ist. Der Mechanismus dafür ist noch unklar. „Trennkost“ unter Bevorzugung komplexer Kohlenhydrate könnte demnach helfen, erhöhte Nüchterninsulinwerte zu senken.

## Was noch zu untersuchen wäre

Nichtsdestoweniger wäre eine aktuelle wissenschaftliche Untersuchung des Trennkostprinzips wünschenswert, um die hier zitierten älteren Ergebnisse zu stützen. Wenn man zwei vergleichbare Gruppen von Menschen hätte, von denen die eine mit Trennkost und die andere mit Vollwertkost (jedoch nicht getrennt dargeboten) ernährte, könnte man viel weitergehende Aussagen über das Trennkostprinzip machen, als es bisher möglich war.

Ich möchte hier ein paar Anregungen dazu geben, was die Forschung noch genauer untersuchen könnte: Die unterschiedliche Verdauungszeit von normaler Vollwertkost und von vollwertiger Trennkost sollte verglichen und der Stuhl analysiert werden. Das subjektive Befinden könnten die Probanden (Versuchsteilnehmer) in Skalen eintragen. Als Maß für den Säure-Basen-Haushalt wäre der Urin-pH-Wert (wenn auch nur mit Einschränkung brauchbar, siehe dazu Seite 18) und gegebenenfalls das Natriumbikarbonat zu untersuchen.

Des weiteren sollte man den Cholesteringehalt im Blut untersuchen, und zwar sowohl das Gesamtcholesterin als auch die beiden Fraktionen HDL-Cholesterin und LDL-Cholesterin. Die Trennkost, die sowohl cholesterinarm als auch ballaststoffreich ist, müßte hier nämlich sehr positiv wirken, denn ausreichend Ballaststoffe binden Cholesterin, so daß der Cholesterinspiegel im Blut sinkt. Dieses ist insofern günstig, als ein erhöhter Cholesterinwert einen Risikofaktor für die Entstehung von Herz-Kreislauf-Erkrankungen, wie Herzinfarkt oder Schlaganfall, darstellt. Der hohe Ballaststoffgehalt von Trennkostmahlzeiten sorgt auch für eine schnellere Darmpassage, was wiederum das Risiko eines Dickdarmkrebses vermindern kann.

Durch die vielen Ballaststoffe kommt es außerdem zu einem verzögerten „Anfluten" der Nährstoffe, zum Beispiel der Glukose, im Blut. Somit ist auch die Ausschüttung der Insulinvorläufer verzögert (was gut für den Organismus ist). Die unphysiologische Insulinstimmulation (der schnelle Insulinausstoß nach raschem Blutzuckeranstieg) bleibt aus; als Folge kommt es auch weniger zu Heißhunger, der durch eine Unterzuckerung (Folge eines zu raschen Insulinanstiegs) ausgelöst wird.

In den Tabellen, in die die Testpersonen ihre persönliche Einschätzung der Wirkung der Ernährung eintragen sollten, wäre eine Spalte mit der Bezeichnung „Bekömmlichkeit" sehr wichtig. Fast ausnahmslos melden mir meine Patienten, die die Trennkost probiert haben, daß trennkostgerechte Mahlzeiten bekömmlicher seien, als die bisher verzehrte Nahrung. Dieses gilt auch für Menschen, die sich mit

Vollwertkost ernährt haben, aber damit nicht zurechtgekommen sind.

Des weiteren sollte die Menge der Elektrolyte Natrium und Kalium im Serum, im Vollblut und im Urin untersucht werden. Trennkostmahlzeiten sind nämlich, bedingt durch ihren hohen Gemüse-, Salat-, Obst- und Frischkostanteil sehr natriumarm und kaliumreich. Das kommt einer nichtmedikamentösen Bluthochdrucktherapie gleich. Außerdem ist nach Nieper ein zu hoher Natriumgehalt der Zellen ein möglicher Krebsauslöser.

Weitere Blutuntersuchungen sollten den Blutzucker in festgelegten Abständen nach dem Essen bestimmen. Es gibt Untersuchungen, die einen erhöhten Blutzuckerspiegel mit vorschnellen Alterungsprozessen in Verbindung bringen. Sollte sich das bewahrheiten, dürfte die Trennkost auch hier günstig wirken.

Ergänzend sollten regelmäßige Blutdruckmessungen gemacht und natürlich auch das Gewicht längerfristig kontrolliert werden. Bei vielen Menschen, die zahlreiche Reduktionsdiäten mit kurzfristigem Gewichtsverlust und anschließendem Gewichtsanstieg (oft über das Gewicht vor der Diät hinaus) erlebt haben, wirkt sich die Trennkost (die ja keine Diät, sondern eine Dauerernährung ist) ausgesprochen positiv auf das Gewicht aus. Es wird reduziert und langfristig auf dem neuen Stand gehalten.

Wenn man den beiden Testgruppen die gleiche Menge an Eiweiß und Kohlenhydraten einmal getrennt und einmal nicht getrennt zuführen würde, wäre eine Untersuchung folgender Hormone sinnvoll: Insulin, Parathomon (das sich auf den Kalzium- und Phosphatstoffwechsel auswirkt), das Wachstumshormon STH, Kalzitonin und die Katecholamine, wie das bekannte Streßhormon Adrenalin. Interessant wäre des weiteren ein Vergleich der Blutgase; insbesondere sollte dabei die nach der Nahrungsaufnahme auftretende Erhöhung des Bikarbonats im Blut untersucht werden.

# Die Trennkost in der Praxis

## Die Trennkostrichtlinien

Jetzt wird es konkret, denn nachfolgend gebe ich Ihnen das Werkzeug an die Hand, mit dem Sie künftig an Ihrer eigenen Gesundheit, Ihrem Wohlergehen und Ihrer Fitneß arbeiten können. Wenn Sie sich diese wenigen, leicht umsetzbaren Richtlinien einprägen, können Sie sich in Zukunft aus einem breit gefächerten Nahrungsmittelangebot ganz leicht ein individuelles Trennkostgericht zusammenstellen. Und wenn Sie in Illustrierten Rezepte lesen, ist es ein Leichtes für Sie, daraus im Handumdrehen Trennkostgerichte zu zaubern.

Denken Sie daran, daß die Trennkostrichtlinien keine Gesetze sind. Es sind lediglich Vorgaben, an denen Sie sich orientieren können. Das Individuelle ist dem Allgemeinen übergeordnet. Die Richtlinien gelten für weitgehend gesunde Menschen. Wer krank ist, beispielsweise an Diabetes oder einer chronischen Niereninsuffizienz leidet, muß die Trennkost individuell, seinen Bedürfnissen entsprechend abändern. Dies sollte aber mit dem behandelnden Arzt vorher abgeklärt werden.

Nun zunächst die wichtigsten Trennkostregeln im Überblick (im Kasten rechts).

**Wichtige Trennkostregeln**

- Essen Sie möglichst nur natürliche und naturbelassene Nahrungsmittel. Meiden Sie industriell verarbeitete Lebensmittel, Fertiggerichte und Lebensmittel, die haltbar gemacht wurden.
- Innerhalb einer Mahlzeit sollten Sie eiweißreiche und kohlenhydratreiche Lebensmittel nicht miteinander kombinieren (siehe dazu den Trennungsplan auf den Seiten 48 und 49).
- Alle neutralen Lebensmittel können Sie entweder mit solchen aus der Eiweißgruppe oder mit solchen aus der Kohlenhydratgruppe kombinieren (siehe dazu den Trennungsplan auf den Seiten 48 und 49).
- Schränken Sie den Verzehr von extrem einweißreichen und kohlenhydratreichen Lebensmitteln ein, um so eine Übersäuerung des Körpers zu verhindern.
- Für einen optimalen Säure-Basen-Haushalt sollte Ihre Nahrung zu etwa drei Vierteln aus überwiegend rohen Basenbildnern (Gemüse, Salate und Obst) und nur zu etwa einem Viertel aus Säurebildnern (wie Fleisch und Fisch) bestehen.
- Essen Sie morgens möglichst eine Basenmahlzeit, mittags eine Eiweiß- und abends eine Kohlenhydratmahlzeit. Nach 15 Uhr sollten Sie möglichst keine Eiweißmahlzeit mehr zu sich nehmen.
- Zwischen den Hauptmahlzeiten (Frühstück, Mittag- und Abendessen) empfiehlt es sich, Pausen von etwa vier Stunden einzuhalten. Selbstverständlich können Sie, wenn es Ihr Tagesrhythmus bedingt, auch zwischendurch etwas essen, denn wie bereits gesagt, ist in der Trennkost das Individuelle dem Allgemeinen übergeordnet.
- Essen Sie langsam und in Ruhe, und kauen Sie gründlich.

## Die drei Lebensmittelgruppen in der Trennkost

In einer großen Zahl von Lebensmitteln sind von Natur aus entweder überwiegend Eiweiße oder überwiegend Kohlenhydrate enthalten. Daneben gibt es Lebensmittel wie Gemüse und Salat, aber auch Öle und Fette, die nur wenig von diesen beiden Nährstoffen enthalten.In der Trennkost wird ja angestrebt, sehr eiweißreiche Lebensmittel nicht zusammen mit überwiegend Kohlenhydrate enthaltenden zu verzehren. Eine absolute Trennung dieser Lebensmittel ist jedoch nicht möglich und auch nicht nötig. Schon die Trennung der Extreme entlastet den Verdauungstrakt spürbar. Hülsenfrüchte, wie Erbsen und Bohnen, enthalten beispielsweise sowohl viel Eiweiß als auch viele Kohlenhydrate. Beim Verzehr dieser Lebensmittel treten bei sehr vielen Menschen Völlegefühle und Blähungen auf. Dies ist ein Beweis dafür, daß viele Eiweiß und Kohlenhydrate zusammen schlecht vertragen und verdauen können.

Grundsätzlich sollten Sie bei einer Eiweißmahlzeit möglichst nur ein sehr eiweißreiches Lebensmittel verwenden, also entweder Fleisch oder Fisch. Ebenso sollten Sie bei einer Kohlenhydratmahlzeit möglichst nur ein konzentriert kohlenhydratreiches Lebensmittel nehmen, also entweder Kartoffeln, Reis oder Nudeln, denn so ist die Mahlzeit besser bekömmlich.

Der Trennungsplan auf den folgenden Seiten gibt Ihnen einen genauen Überblick darüber, welche Lebensmittel in der Kohlenhydratgruppe, welche in die neutrale Gruppe und welche in die Eiweißgruppe gehören. Außerdem finden Sie dort eine Aufzählung von Lebensmitteln, deren Verzehr in der Trennkost nicht empfohlen wird. Wenn Sie Näheres darüber wissen möchten, wieso manche Lebensmittel in eine ganz bestimmte Gruppe gehören, dann schauen Sie sich einmal die Tabelle auf den Seiten 108 und 109 an.

Verglichen mit anderen Trennkostplänen habe ich bei der Erstellung des nachfolgenden Trennungsplans auf gewisse „Feinheiten" in der Zuordnung verzichtet, um den Plan für Sie so einfach und praktikabel wie möglich zu machen. Beispielsweise Rosinen, Heidelbeeren und mürbe sowie süße Äpfel werden in anderen Plänen aufgrund ihrer Wirkung im Körper (die jedoch nicht eindeutig erwiesen ist, weil diese Lebensmittel sogenannte Grenzfälle darstellen) einer ganz bestimmten Gruppe zugeteilt. Ich habe sie hingegen dort einsortiert, wo sie aus botanischer Sicht gesehen hingehören.

## Trennungsplan

Innerhalb einer Mahlzeit dürfen zur Eiweiß- und zur Kohlenhydratgruppe gehörende Lebensmittel nicht zusammen gegessen werden. Folgende Kombinationen sind aber möglich:

- Lebensmittel aus der Eiweißgruppe kombiniert mit solchen aus der neutralen Gruppe
- Lebensmittel aus der Kohlenhydratgruppe kombiniert mit solchen aus der neutralen Gruppe.

**Richtig trennen ist ganz einfach**

### Kohlenhydratgruppe

**Alle Getreidearten,** wie z. B. Weizen, Dinkel, Roggen, Gerste, Hafer, Grünkern, Mais und Naturreis;
**alle Vollkornerzeugnisse,** wie z. B. Vollkornbrot und Vollkornbrötchen, Vollkornkuchen, Vollkornnudeln, Vollkorngrieß;
**folgende Gemüse- und Obstsorten:** Kartoffeln, Topinambur, Schwarzwurzeln, Bananen, frische Datteln und Feigen, ungeschwefelte Trockenfrüchte, wie Aprikosen, Bananen, Feigen, Rosinen, Korinthen und Sultaninen;
**folgende Süßungsmittel:** Honig, Ahornsirup, Birnen- und Apfeldicksaft, Frutilose (schonend eingedampfter Obstdicksaft). Hinweis: Generell sollten Süßungsmittel zurückhaltend verwendet werden. Obwohl sie zur Kohlenhydratgruppe gehören, dürfen sie in kleinen Mengen auch mit Lebensmitteln aus der Eiweißgruppe kombiniert werden;
**Bier;**
**Verschiedenes:**
Carob (gemahlene Frucht des Johannisbrotbaumes; wird wie Kakao verwendet), Weinsteinbackpulver.

### Neutrale Gruppe

Diese Nahrungsmittel dürfen innerhalb einer Mahlzeit entweder mit denen aus der Kohlenhydratgruppe oder mit denen aus der Eiweißgruppe kombiniert werden.
**Folgende Gemüse- und Salatsorten:** Artischocken, Auberginen, Blattsalate, Blumenkohl, Brokkoli, Brunnenkresse, Chicorée, Chinakohl, Feldsalat, Fenchel, Grünkohl, Gurken, Karotten, Knoblauch, Kohlrabi, Kopfsalat, Kürbis, Lauch, Löwenzahn, Mangold, Paprikaschoten, Pastinaken, Peperoni, Radieschen, Rettich, Rosenkohl, rote Bete, Rotkohl, weiße Rüben, Sauerkraut, Sellerie, Spargel, roher Spinat, Steckrüben, rohe Tomaten, Weißkohl, Wirsing, Zucchini, Zwiebeln;
**alle Sprossen und Keimlinge;**
**Pilze:** alle genießbaren Sorten, wie z.B. Champignons, Pfifferlinge, Steinpilze und Austernpilze;

**alle angesäuerten Milchprodukte,** z. B. Joghurt, Quark, saure Sahne, Buttermilch und Kefir, Molkosan (vergorenes Molkekonzentrat);
**süße Sahne;**
**Käse mit mindestens 60 % Fett i. Tr.,** wie z. B. Doppelrahmfrischkäse, Rahmgouda, Butterkäse, Camembert;
**alle Weißkäsesorten,** z. B. Schafs- und Ziegenkäse, Mozzarella, körniger Frischkäse;
**folgende Fette:** pflanzliche Öle und Fette, (ungehärtet und naturbelassen), kaltgepreßte Öle aus Samen und Keimen (beispielsweise Weizenkeimöl, Sonnenblumenöl, Maiskeimöl, Olivenöl, Sesamöl, Sojaöl, Traubenkern- oder Walnußöl) und Butter;
**alle Nüsse und Samen** (außer Erdnüssen, denn sie wirken säurebildend);
**Eigelb;**
**Avocados;**
**Oliven;**
**Hefe;**
**Gewürze,** wie z. B. Vollmeersalz, Kräutersalz, Wild- und Gartenkräuter, Knoblauch, Paprikapulver, Curry, Kümmel, Muskatnuß, gekörnte Gemüsebrühe, Meerrettich, (grundsätzlich gilt: Gewürze recht sparsam dosieren);
**alle Geliermittel,** z. B. Agar-Agar (eine pulverisierte Meeresalge; man löst das Pulver in kalter Flüssigkeit auf, erhitzt das Ganze auf 60 bis 80° C und läßt es erkalten), pflanzliche Bindemittel aus Johannisbrotkernmehl (im Naturkostladen oder im Reformhaus erhältlich);
**folgende Getränke:** Mineralwasser, Kräutertees und verdünnte Gemüsesäfte.

**Tips:** Saucen für Salate, die zusammen mit einer Eiweißmahlzeit gegessen werden, sollten aus Öl, Sahne (sparsam verwenden), Kräutern und Zitronensaft zubereitet werden. Saucen für mit Kohlenhydratmahlzeiten kombinierte Salate sollten aus angesäuerten Milchprodukten, wie Kefir, Dickmilch, Joghurt und Molkosan, bestehen.

Grundsätzlich sollen fettreiche Lebensmittel und Öl nur sparsam verwendet werden. Hingegen dürfen Sie Obst, Salat und Gemüse reichlich genießen.

## Eiweißgruppe

**Alle gegarten Fleischsorten außer Schweinefleisch,** z. B. vom Rind: Braten, Steak, Gulasch, Rouladen, Rollbraten, Hackfleischgerichte, Geschnetzeltes;
**vom Kalb:** Schnitzel, Braten, Geschnetzeltes;
**vom Lamm:** Braten, Kotelett, Keule (alle Fleischsorten sollten nur in kleinen Mengen gegessen werden);
**alle gegarten Geflügelsorten,** z. B. Schnitzel, Putenbrust, Geschnetzeltes, Rollbraten, Geflügelbratwurst, Grillhähnchen (auch Geflügelfleisch sollte nur in kleinen Mengen gegessen werden);
**alle gegarten Wurstsorten,** z. B. Rindersaftschinken, Rindersalami, Geflügelwurst (Wurstwaren sollten nur in kleinen Mengen verzehrt werden);
**alle frischen Fischsorten sowie Schalen- und Krustentiere im gegarten Zustand,** z. B. Scholle, Kabeljau, Seelachs, Forelle, Lachs, Thunfisch, Makrele, Heilbutt, Hering, Hecht;
**Milch;**
**alle Käsesorten bis 50% Fett i. Tr.,** z. B. Harzer, Tilsiter, Gouda;
**Eier;**
**Tofu** (Sojaprodukt);
**gekochte Tomaten** (auch aus der Dose);
**gekochter Spinat;**
**folgende Getränke:** Früchtetee, Fruchtsäfte, Apfelwein, trockener und halbtrockener Wein, Sekt, Champagner (alkoholische Getränke sollen bitte nur in Maßen getrunken werden);
**Steinobst,** wie z. B. Aprikosen, Kirschen, Mirabellen, Pfirsiche und Pflaumen;
**Beeren,** z. B. Preiselbeeren, Johannisbeeren, Himbeeren, Erdbeeren, Brombeeren, Stachelbeeren;
**Kernobst,** wie z. B. Äpfel und Birnen;
**Wildfrüchte,** wie Hagebutten, Holunder, Weißdorn, Sanddorn;
**exotische Früchte (außer Bananen),** wie z. B. Ananas, Kiwis, Mangos, Papayas, Passionsfrüchte, Wassermelone, Hongimelone;
**Zitrusfrüchte,** wie Orangen, Grapefruit, Mandarinen, Zitronen, Limetten (Hinweis: Obwohl Zitronensaft zur Eiweißgruppe zählt, darf er in kleinen Mengen auch mit Lebensmitteln aus der Kohlenhydratgruppe kombiniert werden).

**Gemieden werden sollten:**
Weißmehlprodukte (wie z. B. Weißmehlnudeln), polierter Reis, getrocknete Hülsenfrüchte, Fertiggerichte, Konserven, Zucker, Süßstoffe, Kochsalz, Senf, Fertigsuppen und -saucen. Schweinefleisch, Wurst und Schinken vom Schwein, rohes Fleisch, rohes Eiweiß von Eiern, gehärtete Fette, käufliche Mayonnaise, Essig, Erdnüsse, Marmeladen, geräucherte und gepökelte Fleischwaren, Kaffee, schwarzer Tee und Kakao sowie hochprozentige Alkoholika.

## Mengenplan

Die Gewichtsangaben des Mengenplans sind nur ungefähre Richtwerte und sollten individuell ausprobiert werden. Es ist sinnlos zu hungern, denn wenn man hungrig vom Tisch aufsteht, ist die Gefahr, daß man zwischendurch nascht, viel zu groß. Wesentlich zum Gesundbleiben ist, daß man täglich genügend Basenbildner in Form von Salat, Gemüsen und Obst ißt, den größeren Teil davon als Frischkost.
Zwischen den Mahlzeiten können Sie, ganz nach Bedarf, trinken, wobei es mindestens 1,5 l am Tag sein sollten. Geeignet sind Quellwasser oder natriumarmes Mineralwasser, Kräuter- und Früchtetee.

### Frühstück

**Obstmahlzeit:**
Am besten ist es, zum Frühstück Basenbildner zu sich zu nehmen. Hier bietet sich eine Obstmahlzeit an. Das regional angebaute Obst, möglichst der Saison entsprechend und frisch, kann Ihnen den Start in den Tag erleichtern. Günstig ist es, nur eine Obstsorte zu essen. Möchten Sie jedoch mehrere Sorten verzehren, dann sollten Sie erst die etwas saureren essen und dann zu den süßen fortschreiten.

**Kohlenhydratmahlzeit:**
1 Scheibe Vollkornbrot oder 1 Vollkornbrötchen, dünn mit Butter bestrichen, dazu Honig oder etwa 30 g (1 Scheibe) Käse mit mindestens 60% Fett i. Tr. Statt Honig oder Käse können Sie auch bis zu 50 g Quark nehmen. Übrigens: Die Kombination von Brot mit Obst oder Früchten, die zur Eiweißgruppe gehören, ist ungünstig. Als Variante bietet sich ein Müsli oder ein Getreidebrei an.
Für ein Bananenmüsli z. B. 1 Banane (in Scheiben) mit 100 g Joghurt (3,5% Fett) und 3 Eßlöffeln kernigen Haferflocken mischen.
Im Rezeptteil dieses Buches finden Sie weitere schmackhafte Anregungen für ein Kohlenhydratfrühstück.

**Eiweißmahlzeit:**
1 Ei (mehr als 3 Eier pro Woche sind nicht empfehlenswert) als Spiegelei oder Rührei, gekocht oder im Glas; dazu neutrales, rohes Gemüse, wie z. B. Tomaten, Gurken, Paprikaschoten und Radieschen in beliebiger Menge, jedoch kein Brot.
Kaffee oder schwarzer Tee zum Frühstück zu trinken, wird nicht empfohlen. Möchten Sie jedoch nicht darauf verzichten, so geben Sie etwas Sahne oder Honig dazu.
Grundlegend wichtig ist, jeden Bissen ausgiebig zu kauen und gut einzuspeicheln. Das Getränk sollte in ganz kleinen Schlucken genommen werden. Das bedeutet, den Schluck im Mund quasi erst kauen, einspeicheln und dann hinunterschlucken.

## 1. Zwischenmahlzeit

Hier kommt in erster Linie Obst (etwa 200 g) in Frage, das möglichst aus der Region stammt und dem saisonalen Angebot entspricht.
Oder Sie nehmen 200 ml frische Milch oder 200 g gesäuerte Milchprodukte, wie Naturjoghurt, zu sich. Sie können auch eine Kombination aus 100 g Obst und 100 g gesäuerten Milchprodukten, z. B. Joghurt oder Quark, als Zwischenmahlzeit essen.

## Mittagessen

Hier haben Sie die Wahl zwischen einer Eiweiß- und einer Kohlenhydratmahlzeit. Nach Dr. Hay ist eine Eiweißmahlzeit mittags günstiger.

### Eiweißmahlzeit:

Möglich sind 100–150 g Fleisch, 150–200 g Fisch, 1 Ei oder 60 g Käse bis 50% Fett i. Tr.;
dazu Gemüse nach Geschmack und Jahreszeit aus der neutralen Lebensmittelgruppe. Vorneweg sollte es einen gemischten Salat geben, der entweder neutral ist oder zur Eiweißgruppe gehört. Gemüse und Vorspeisensalat sollten zusammen etwa 400 g wiegen.

### Kohlenhydratmahlzeit:

Zunächst ein gemischter Salat, der entweder zur Kohlenhydratgruppe gehört oder der neutral ist.
Dann 50 g Getreide, Naturreis oder Vollkornnudeln (jeweils roh gewogen) oder 100 g Vollkornbrot oder 200 g Kartoffeln;
dazu Gemüse nach Geschmack und Jahreszeit (aus der neutralen oder der Kohlenhydratgruppe). Gemüse und Vorspeisensalat sollten zusammen etwa 400 g wiegen.
Zusätzlich zu den Zutaten für die Eiweiß- oder die Kohlenhydratmahlzeit können Sie kleine Mengen Butter, Sahne oder kaltgepreßtes naturbelassenes Öl verwenden. Diese Lebensmittel sind alle neutral.
Dr. Hay rät, während einer Hauptmahlzeit nichts zu trinken. Dadurch könnten die Verdauungssäfte zu stark verdünnt werden. Dies wird aber kontrovers diskutiert.

## 2. Zwischenmahlzeit

Hier empfiehlt sich eine Obstmahlzeit. Man kann aber auch 1 kleines Stück Vollkorngebäck oder 1 Scheibe Vollkornknäckebrot mit Honig, 1 Becher Joghurt mit kernigen Haferflocken, 2 Eßlöffel Quark mit 1 Teelöffel Honig oder 200 g gesäuerte Milchprodukte zu sich nehmen.

## Abendessen

Gemäß dem biologischen Tagesrhythmus schlägt Dr. Hay für das Abendessen eine Kohlenhydratmahlzeit vor. Diese ist grundsätzlich günstiger als eine Eiweißmahlzeit, doch muß dies nicht als strikte Regel verstanden werden.
Die Zutatenmengen für eine Kohlenhydratmahlzeit entsprechen denen, die Sie bei der Mittagsmahlzeit finden.

## Hinweise zur Speisenzubereitung

- Die Lebensmittel sollten, soweit möglich, aus biologischem Anbau stammen und frisch sowie naturbelassen verwendet werden.
- Die Vor- und Zubereitung der Lebensmittel sollte möglichst werterhaltend und wertschonend erfolgen. Geeignete Garmethoden sind Dünsten, Dämpfen, Kurzbraten und Garen in Bratfolie.
- Zum Andünsten von Gemüse empfiehlt es sich, nur eine ganz kleine Menge Öl oder Butter und gegebenenfalls etwas Wasser zu nehmen. Die eigentliche Fettmenge gibt man erst hinzu, wenn das Gericht fertiggestellt und schon etwas abgekühlt ist. Dadurch bleibt der Großteil der wertvollen ungesättigten Fettsäuren erhalten. Beim Mitkochen dagegen würden sie in gesättigte Fettsäuren übergehen und wären dann nicht mehr voll stoffwechselaktiv. Vor allem Menschen, die magen- oder darmempfindlich sind, aber auch Leber- und/oder Gallepatienten werden entlastet, wenn das Fett nicht miterhitzt wird, denn Röststoffe und Fett wirken bei diesen Personen oft magenreizend.
- Grundsätzlich sollte Obst und Gemüse aus biologischem Anbau ungeschält (sofern die Schale eßbar ist) verwendet werden. Denn oft sitzen direkt unter der Schale die meisten Vitamine.
- Auch Kartoffeln bereitet man am besten als Pell- oder Grillkartoffeln, also mit der Schale, zu. Bei geschälten Kartoffeln gehen wertvolle basenbildende Mineralstoffe in das Kochwasser über. Wer die Kartoffeln (aus biologischem Anbau) vor der Zubereitung schält, sollte zumindest das Kochwasser weiterverwenden damit die basenbildenden Mineralstoffe nicht verlorengehen.
- Getreide und Ölsaaten sollten Sie möglichst frisch schroten beziehungsweise mahlen, um Wertverluste zu vermeiden. Sie alle kennen das: Ist ein Apfel erst einmal angeschnitten, wird er durch den Luftsauerstoff schnell braun. Dies geschieht auch bei Getreide und Ölsaaten, die gemahlen oder geschrotet sind und nicht sofort verarbeitet werden. Nur ist es dort nicht sichtbar, da sich die Farbe zunächst nicht ändert. Dennoch wirkt der Sauerstoff wertmindernd. Insofern lohnt es sich, eine Getreidemühle anzuschaffen, die der Haushaltsgröße angemessen ist. Dazu gibt es diverse Zusatzgeräte, wie Press- und Passiergerät, Fleischwolf und Gemüseraffel, die meist leicht zu handhaben sind.

## Der Umschalttag

Vor der Ernährungsumstellung auf die Haysche Trennkost sollten Sie einen sogenannten Umschalttag einlegen. Dieser dient der Entschlackung des Körpers und erleichtert die Umstellung. Es ist nicht selten, daß im Rahmen der Kostveränderung ein Rumoren und Zwicken im Bauch oder vermehrt Blähungen auftreten. Das ist ein Zeichen dafür, daß sich die Darmbakterien auf die neue Kost einstellen. In der Regel ist diese Umstellung bei konsequenter Orientierung an den Trennkostrichtlinien nach 7, spätestens aber 14 Tagen beendet. Wenn Sie freilich zwischendurch Süßigkeiten essen, sind diese Beschwerden schwieriger in den Griff zu bekommen. Während der Übergangsphase ist übrigens eine großzügige Flüssigkeitszufuhr (in Form von Quellwasser, stillem, natriumarmem Mineralwasser oder Früchte- sowie Kräutertee) sehr günstig.

Nachfolgend verschiedene Vorschläge für den Umschalttag. Wählen Sie nach Belieben aus:

**Am Obsttag gibt es viel frisches Obst sowie Mineralwasser und Früchte- oder Kräutertee**

### Obsttag

Hier kann bis 15 Uhr frisches Obst aus der Region und der Saison entsprechend (außer Bananen) in beliebiger Menge gegessen werden. Nach 17 Uhr essen Sie dann noch 2 mittelgroße Bananen.

### Gemüse-Salat-Tag

Wenn Sie sich für diesen Einstieg in die Trennkost entscheiden, essen Sie am Umschalttag ausschließlich Gemüse der Saison in leicht gedünsteter Form (eventuell auch roh) und/oder Salat. Bei der Zubereitung sind allerdings Fett und Salz zu meiden. Zum Würzen können Kräuter oder etwas vegetarische Gemüsebrühe verwendet werden. Die gesamte Gemüse- oder Salatmenge bleibt Ihnen überlassen, doch sollten Sie die Mahlzeiten jeweils beenden, kurz bevor Sie satt sind.

### Kartoffel-Trink-Tag

Diese Form der Umstellung und Entschlackung ist besonders für Magendarmempfindliche empfehlenswert. Und so wird der Kartoffeltrunk zubereitet:

500 g gewaschene, ungeschälte Kartoffeln aus biologischem Anbau werden in knapp 2 l Wasser (ohne Salz) gegart. Nur ältere Knollen sollten nach dem Kochen gepellt werden. Die gegarten Kartoffeln dann zusammen mit der Kochflüssigkeit pürieren. Dieser an Basenbildnern reiche Trunk wird über den Tag verteilt allmählich getrunken.

### Kartoffel-Gemüse-Suppen-Tag

Bereiten Sie aus 3 mittelgroßen Kartoffeln, 3 Zwiebeln, 3 Stangen Lauch, 1 Stück Knollensellerie und, je nach Geschmack, bis zu 3 Möhren eine Suppe zu – und zwar folgendermaßen:

Nachdem Sie das Gemüse geputzt beziehungsweise geschält haben, waschen und zerkleinern Sie es. Dann geben Sie es in einen Topf und füllen mit Wasser auf. Fügen Sie frische oder auch getrocknete Kräuter und Gewürze (zum Beispiel Kümmel, Knoblauch, Petersilie, Majoran und Liebstöckel) hinzu, und garen Sie das Ganze, bis alles weich ist. Achtung: kein Salz verwenden! Essen Sie die Suppe über den Tag verteilt.

# Die Trennkost im Alltag

## Wie mache ich aus einer konventionellen Mahlzeit eine trennkostgerechte?

Eine normale Mahlzeit im Rahmen der Zivilisationskost ist einer überaus anstrengenden Autofahrt im Winter vergleichbar, denn ebenso wie man bei dieser Autotour vieles gleichzeitig zu verarbeiten hat, muß der Organismus eine ganze Reihe verschiedener Nahrungsmittel gleichzeitig verdauen. Stellen Sie sich vor, es ist dunkel, das Wetter ist schlecht, die Straßen sind vom Schneematsch glatt und die Windschutzscheibe ist verschmiert, denn die Autos vor Ihnen spritzen Matsch hoch. Schnee verschlechtert die Sicht zusätzlich, und entgegenkommende Autofahrer blenden Sie. Der Beifahrer nörgelt, und man selbst ist genervt. Nach einer schier endlosen Autofahrt kommen Sie schließlich erschöpft und mit den Nerven am Ende am Ziel an.

So ähnlich geht es unserem Organismus, wenn wir eine übliche Zivilisationsmahlzeit zu uns nehmen, bei der Eiweiß und Kohlenhydrate zugleich verarbeitet werden müssen. Die Müdigkeit nach dem Essen und die daraus resultierende verringerte Leistungsfähigkeit kennen Sie aus eigener Erfahrung.

Wie ist es hingegen, wenn Sie Trennkost essen? Das ist wie Fahren im Sommer an einem hellen, sonnigen Tag, wenn kaum jemand anderes unterwegs ist. Sie sind gut gelaunt. Es geht zügig voran, und entspannt kommen Sie an Ihr Ziel. Bei einer Trennkostmahlzeit wird der Organismus nämlich viel weniger belastet; er kann die einzelnen Nahrungsbestandteile ohne Schwierigkeiten verdauen.

Wie aber mache ich aus einer konventionellen Mahlzeit eine trennkostgerechte? Ein typisch gutbürgerliches Gericht besteht zum Beispiel aus Salat, Schweinebraten mit Kartoffeln oder Kartoffelklößen und Sauce sowie Möhrengemüse. Diese entspricht nun nicht den Trennkostregeln (siehe Seite 47): Innerhalb der Mahlzeit eiweiß- und kohlenhydratreiche Lebensmittel nicht zusammen verzehren; naturbelassene Lebensmittel essen; eine Mahlzeit so zusammenstellen, daß sie zu einem Viertel aus Säurebildnern und zu drei Vierteln aus Basenbildnern (wie Salate, Gemüse und Obst) besteht; langsam und in Ruhe essen sowie gründlich kauen.

Und so wird aus der beschriebenen Mahlzeit eine trennkostgerechte Speise:

**Aus einer herkömmlichen Mahlzeit (im Bild links) wird durch das Weglassen der Kohlenhydratkomponente (Kartoffeln), durch die Reduzierung des Fleischanteils und durch die Erhöhung des Gemüseanteils ganz einfach ein trennkostgerechtes Gericht (im Bild rechts)**

Von dem Salat (Basenbildner) sollten Sie zu Beginn der Mahlzeit eine große Portion essen. Warum aber erst den Salat und danach die Kohlenhydrat- oder Eiweißmahlzeit mit Gemüse? Nun, erklären wir es wiederum an einem alltäglichen Beispiel: Wenn sie nur ein Bahngleis zur Verfügung haben, aber zwei Züge, die gleichzeitig darauf fahren sollen (nämlich einen D-Zug und einen Bummelzug), welchen Zug würden Sie dann zuerst fahren lassen? Richtig, natürlich den D-Zug! Führe nämlich der Bummelzug zuerst los und folgte ihm dann auf der gleichen Strecke der D-Zug, würde dieser bald hinten auf den Bummelzug auffahren. Genauso geht es, wenn sich verschiedene Nahrungsbestandteile gleichzeitig im Verdauungstrakt befinden. Es ist also sinnvoll, erst den schnell und leicht verdaulichen Salat zu essen und anschließend den schwerer verdaulichen Hauptgang. Dann ist nämlich der Salat schon im Verdauungskanal weitergewandert und hat dem Hauptgang Platz gemacht. Und Sie selbst wandern ebenfalls auf dem Weg zur Gesundheit, weil Sie nach dem Genuß des Salates – den Sie gründlich kauen sollten – bereits ein gewisses Sättigungsgefühl empfinden. Die Gefahr, daß Sie sich „überessen", ist geringer.

Doch kommen wir zu unserem Beispiel zurück. Je nach Lust und Tageszeit entscheiden Sie sich beim Hauptgang entweder für die Kohlenhydrate, und das würde heißen, für die Kartoffeln oder Klöße, oder für das Eiweiß, und damit für den Schweinebraten. Zu beiden paßt das angebotene Gemüse, denn es gehört ja in die Gruppe der neutralen Lebensmittel. Wenn, wie in unserem Fall, nur Schweinefleisch angeboten wird (was in der Trennkost nicht empfohlen wird), sollten Sie sich für die Kartoffeln entscheiden und nur diese zusammen mit dem Gemüse genießen. Wäre hingegen statt Schweinefleisch Geflügel, Fisch, Lamm oder Rind im Angebot, könnten Sie hiervon eine maßvolle Portion zu sich nehmen, lassen dafür aber die Kartoffeln weg. Wenn dann auch die Mengenverhältnisse stimmen, die Mahlzeit also zu drei Vierteln aus Salat und Gemüse besteht, haben Sie die Weichen schon bestens in Richtung Trennkost und Gesundheit gestellt.

## Trennkost am Arbeitsplatz und in der Kantine

Läßt sich die gesunde Ernährung mit der Trennkost im Berufsalltag überhaupt durchführen?

Wenn Sie klare Ziele und eine konkrete Vorstellung von dem Weg dorthin haben, geht es sehr gut.

Wie sieht nun die Trennkost im Tagesablauf eines Berufstätigen aus? Zum Frühstück zu Hause gibt es entweder eine Obst-, eine Eiweiß- oder eine Kohlenhydratmahlzeit im Sinne der Trennkost (siehe auch den Mengenplan auf den Seiten 50 und 51). Sollten Sie im Laufe des Vormittags tatsächlich noch einmal von Hunger überfallen werden, können Sie am Arbeitsplatz von zu Hause mitgebrachtes frisches Obst essen. Für diese Zwischenmahlzeit sollten Sie sich etwas Zeit nehmen und in Ruhe essen, also nicht gleichzeitig arbeiten und essen.

Je nach Qualität und Größe einer gegebenenfalls vorhandenen Kantine können Sie beim Mittagessen wahrscheinlich zwischen verschiedenen Angeboten wählen. Allemal günstig ist der Verzehr eines gemischten Salates vor der eigentlichen Hauptmahlzeit. Anschließend sollten Sie viel neutrales Gemüse essen, das Sie beispielsweise mit einer Eiweißkomponente (wie zum Beispiel Fisch, Fleisch oder Eier) kombinieren. Im konkreten Fall heißt dies, daß Sie bei der angebotenen Mahlzeit ganz einfach auf die Beilage aus Kartoffeln, Reis oder Nudeln verzichten.

Eine Eiweißmahlzeit zu Mittag sollte jedoch nicht jeden Tag auf der Speisekarte stehen. Zu dem Gemüse des Hauptgangs können Sie natürlich auch umgekehrt eine Kohlenhydratkomponente wählen. Dann nehmen Sie nur die Kartoffeln, die Nudeln oder den Reis und verzichten auf das auch noch angebotene Fleisch oder den Fisch. Das sollten Sie ohnehin tun, wenn Schweinefleisch auf dem Menüplan der Kantine steht.

Falls es an Ihrem Arbeitsplatz keine Kantine gibt, besteht die Möglichkeit, im Restaurant zu essen (siehe auch Seite 57), oder sich sein Essen selbst mitzubringen. Ökonomisch ist es, von der Mahlzeit am Vorabend eine doppelte Portion zuzubereiten, einen Teil davon zu essen und den anderen am nächsten Tag zur Arbeit mitzunehmen. Vielleicht gibt es dort eine Möglichkeit, das Essen aufzuwärmen. Wenn nicht, können Sie das Gericht auch morgens erwärmen, in eine Thermobox füllen und so mit zur Arbeit nehmen. Übrigens: Salate und Salatsaucen sollten sie immer getrennt in verschiedenen Behältern transportieren und erst kurz vor dem Verzehr miteinander mischen, damit der Salat nicht unansehnlich und welk wird.

Gerade Berufstätige haben oft wenig Zeit, um ausgiebig zu kochen. So läßt sich Zeit sparen: Bestimmte Lebensmittel, wie zum Beispiel Kartoffeln, Nudeln und Reis, können Sie zum Zweck der Arbeitsersparnis und auch, weil es ökonomischer ist, in größeren Portionen kochen. Bei Kartoffeln kann man beispielswei-

se einen Teil davon mittags oder abends als Pellkartoffeln essen und den Rest am darauffolgenden Tag zu Bratkartoffeln oder einem leckeren Gratin verarbeiten. Auch Nudeln und Reis lassen sich problemlos mit verschiedenen Zutaten, Gewürzen und Saucen zu verschiedenen sowohl süßen als auch herzhaften Gerichten verarbeiten. Zum Schluß noch ein Tip: So, wie mittlerweile zahlreiche Fahrgemeinschaften existieren, können sich an Arbeitsstätten auch sogenannte Trennkostgemeinschaften bilden, in denen wechselweise mal der eine und mal der andere ein Essen für alle „Mitglieder" mitbringt.

Nach der Trennkostmahlzeit am Arbeitsplatz können Sie zusätzlich noch etwas für sich und Ihre Gesundheit tun. Im Gegensatz zu den Kollegen, die nach dem Essen oft eine Tasse Kaffee, einen Espresso oder eine Zigarette brauchen, um ihre Trägheit zu überwinden und weiterarbeiten zu können, sollten Sie kurz an die frische Luft gehen, ein paar Atemübungen machen, die Beine schlenkern und ein bißchen hin- und her hüpfen. So kehren Sie anschließend fit an den Arbeitsplatz zurück.

Bald werden sich die Kollegen über Ihre schier unerschöpfliche Energie und gute Laune wundern. Während sie hingegen in den Pausen dauernd Kaffee und Nikotin brauchen, um Körper und Geist (die vom Essen träge sind) aufzupeitschen, sind Sie auch ohne diese Stimulanzien frisch und munter, denn Sie praktizieren ja die Trennkost.

Dieses Beispiel ist übrigens nicht erfunden, ich habe es selber in einem Managementseminar erlebt. In den Pausen, während andere rauchten und Kaffee tranken, ging ich kurz an die frische Luft und machte etwas Gymnastik. Außerdem beschränkte ich mich beim Mittagessen bewußt nur auf Trennkostgerichte oder auf einen großen gemischten Salat. Saßen anfangs die anderen Seminarteilnehmer noch um den Referenten herum, kamen sie und der Referent bereits am zweiten Tag zu mir und fragten nach dem Geheimnis meiner Energie. Daß das Geheimnis eigentlich gar keines ist, haben Sie ja eben gelesen.

Freilich muß ich zugeben, daß ich außer der naturgemäßen und gesunden Ernährung natürlich noch ein bißchen mehr tue. Auch das soll kein Geheimnis bleiben. Jeden Morgen mache ich Gymnastik und Tautreten im Garten, egal ob Sommer oder Winter ist. Wenn Sie das auch tun möchten, sollten Sie aber in der wärmeren Jahreszeit damit anfangen, sonst können Sie sich schnell erkälten. Tägliche Bürstenmassagen der Haut tun ebenfalls gut, wie auch Wechselduschen. Des weiteren kommen tägliche Entspannungsübungen, das In-die-Stille-Gehen, und etwas körperliche Aktivität (Sport) hinzu. Den Weg zur Arbeit (täglich zweimal eine Viertelstunde zu Fuß), verbunden mit Atemübungen, vermisse ich beispielsweise regelrecht, wenn ich ab und an mal mit dem Wagen an die Arbeit fahre, weil etwas transportiert werden muß.

## Trennkost in Restaurants und bei Einladungen

Haben Sie die Auswahl zwischen verschiedenen Restaurants, so schauen Sie gezielt nach einem, das schmackhafte Vollwertgerichte anbietet, denn viele dieser Gerichte sind trennkostgerecht, auch wenn es nicht ausdrücklich gesagt wird.

Beginnen sollten Sie die Mahlzeit mit einem schönen Salatteller, wobei Sie die mitunter im Salat enthaltenen Schinken- und Käsestreifen zum Teil oder ganz meiden sollten. Beim Salat dürfen Sie allemal großzügig sein, ebenso bei dem Obstdessert (sofern es mit frischen Früchten zubereitet ist), wenn Sie sich für eine Eiweißmahlzeit entschieden haben. Unter den Kohlenhydratgerichten stehen in Restaurants meist Kartoffel-, Reis- oder Nudelgerichte zur Auswahl, oder Sie wählen lediglich die entsprechende Beilage, die Sie dann mit Pilzen und verschiedenem Gemüse nach Ihrem Geschmack kombinieren können. Bei einer Eiweißmahlzeit machen Sie es umgekehrt: Sie wählen ein Fleisch-, Fisch- oder Eiergericht aus, lassen die Stärkebeilage (Nudeln, Reis oder Kartoffeln) weg und bestellen dafür eine größere Gemüseportion. Bei großem Hunger können Sie die Salatportion oder den Gemüseanteil vergrößern.

Nehmen wir zur Vertiefung ein konkretes Beispiel durch: Sie gehen zum Essen aus und sehen sich die Speisekarte an. Wenn Sie dabei sind, von Zivilisations- auf Trennkost umzustellen, wird Ihr Auge schon gezielt nach Basenbildnern, also nach Salaten, Früchten und Gemüsesorten Ausschau halten.

Es ist Mittag, von der Tageszeit her bietet sich also eine Eiweißmahlzeit an. In dem von ihnen gewählten Restaurant wird erfreulicherweise ein Salatbuffet angeboten. Das kommt Ihnen außerordentlich gelegen, denn so können Sie nach Herzenslust aus den verschiedenen Salaten Ihre Lieblingssorten aussuchen und zu einem gemischten Teller zusammenstellen.

Nach dem Salat, den Sie mit einem Dressing pikant verfeinert haben, entscheiden Sie sich für das Fischfilet (oder das Rindersteak), lassen jedoch die angebotene Folienkartoffel oder die Pommes frites weg und nehmen nur den Brokkoli. Vielleicht ist es auch möglich, daß Sie von diesem etwas mehr bekommen.

Ein gemischter frischer Obstsalat mit einem Schuß ungezuckerter Sahne rundet dieses Essen ab.

Der Gesichtspunkt der Naturbelassenheit und der biologischen Erzeugung der Lebensmittel muß jedoch leider oft außer acht gelassen werden, wenn man auswärts ißt. Jedoch wird hierzulande, mittlerweile sogar schon in vielen Autobahnraststätten, ein Vollwertgericht angeboten.

Bei Einladungen (insbesondere bei privaten) ist es schon schwieriger, trennkostgerecht zu essen. Schließlich möchte man die Gastgeber nicht kränken, wenn man manches der selbstgemachten Köstlichkeiten nicht essen will.

Wenn ein Buffet angeboten wird, ist es recht leicht, sich eine trennkostgerechte Mahlzeit zusammenzustellen. Wir wollen es an einem Beispiel erläutern: Wir stellen uns eine große Feier vor, bei der den Gästen ein unglaublich verführerisches, großes Buffet angeboten wird. Nun sind wir ja alle Menschen mit Stärken und Schwächen, besonders bei solch einem Angebot... Also gilt: Langsam und mit Bedacht wählen, und in Ruhe essen; bewußt genießen, damit uns nicht schlecht wird, wie denen, die nicht aufhören können, obwohl sie satt sind. Ihr Blick schweift über die Palette der angebotenen Salate, von denen Sie genießerisch einen Teller zusammenstellen. Nun kommt, je nach Speisenangebot, die Entscheidung für eine Kohlenhydrat- oder eine Eiweißmahlzeit als Hauptgang. Da es Abend ist, sollten Sie eine Kohlenhydratmahlzeit wählen. Natürlich ist es am gesündesten, nur eine Kohlenhydratart (also nur Reis oder Nudeln oder Kartoffeln) zu sich zu nehmen. In unserem Fall probieren Sie jedoch sowohl von dem pikant angerichteten Reis-Gemüse-Salat als auch von den Bratkartoffeln mit dem himmlischen Kräuterquark. Dafür wird dann eben am nächsten Tag eine Mahlzeit ganz ausfallen oder nur aus Früchten oder Salat bestehen. Das Nachtischangebot erschlägt einen regelrecht. Der Schwerpunkt Ihrer Auswahl liegt auf den Früchten. Zuletzt sei ausnahmsweise ein Häppchen Fruchteis oder ein Klacks von der Mousse au chocolat erlaubt.

Nun haben sie königlich gegessen und sind trotzdem noch munter genug, eine anregende Unterhaltung führen zu können. Beim anschließenden Tanz sind Sie unbelastet und spritzig und kommen nicht so leicht ins Schwitzen. Diejenigen, die von allen Leckereien gekostet und viel zu viel gegessen haben, schwitzen zum Ausgleich beim Tanzen etwas mehr und sind schneller außer Puste, wenn sie sich überhaupt noch zu einem Tanz aufraffen können.

Und raten Sie mal, wer nachts besser schläft und sich am nächsten Morgen wohler fühlt? Und nicht nur am nächsten Tag, auch im nächsten Urlaub wird man bei Ihnen, im Gegensatz zu den anderen, kaum „Rettungsringe" oder einen „Bierbauch" finden – dank Trennkost und mehr Spaß an der Bewegung.

Erwartet Sie bei einer Einladung statt des Buffets ein köstliches Menü aus mehreren Gängen, ist es schon schwieriger, trennkostgerecht zu essen. Gerade wenn einer der Gastgeber das Menü selbst zubereitet hat, möchte man doch ungern etwas von seinen Köstlichkeiten zurückweisen. Schließlich wurde jede Speise mit Liebe für Sie, den Gast, gekocht. Hier bedarf es etwas Fingerspitzengefühl zu entscheiden, wie man sich verhält. Gute Freunde zeigen oft Verständnis, wenn man begründet, warum man dies oder jenes nicht essen möchte; vielleicht sind sie sogar bereit, das Essen Ihnen zuliebe etwas zu modifizieren (verändern).

Aber für alle Beteiligten ist es einfacher, Sie essen die Mahlzeiten, die angeboten werden (vielleicht dann etwas weniger von allem), und legen am nächsten Tag einen Obst- oder Gemüsetag ein. „Kleine Sünden" sind in der Trennkost schon mal erlaubt, wenn es der Umstand gebietet.

## Trennkost im Urlaub

Wenn Sie die bisherigen Empfehlungen zur Trennkost außer Haus verinnerlicht haben, können Sie die Trennkost auch im Urlaub leicht praktizieren. Bei der Auswahl und Zusammenstellung der Speisen gilt hier das gleiche, was bereits im Kapitel „Trennkost in Restaurants und bei Einladungen" gesagt wurde.

In südlichen Ländern wird die Sommerhitze sowieso dazu führen, daß das Mittagessen „auf Schmalspur" läuft. Oft reicht ein kleiner Salatteller oder etwas frisches Obst, um satt zu werden. Vor einer Hauptmahlzeit empfiehlt sich ein gemischter Salatteller, den Sie sich auch einmal selbst zubereiten können. Frisches Gemüse und Obst sollten Sie gerade in fremden Ländern immer überaus gründlich waschen.

Günstig ist es, eine Übernachtung mit Frühstück oder eine Halbpension der Vollpension vorzuziehen. So haben Sie bei der Wahl des Restaurants und der dort angebotenen Speisen einen größeren Spielraum und können auch die landestypische Küche kennenlernen.

## Trennkost in der Familie

Wenn Sie als Hausfrau die Ernährung Ihrer Familie auf Trennkost umstellen möchten, sollten Sie dies allmählich, Schritt für Schritt, tun. Essen heißt ja nicht nur, Nahrung zu sich zu nehmen, sondern auch, sich Gutes zu tun. Vor allem dürfen Sie die Familienmitglieder nicht mit einer plötzlichen, tiefgreifenden Umwälzung der Ernährungsgewohnheiten verschrecken. Denn jemandem seine gewohnte Kost wegzunehmen ist so, wie einem Säugling die Mutterbrust zu entziehen. Versuchen Sie lieber, den Mann und die Kinder langsam durch gesunde, aber verlockende „Trennköstlichkeiten" zur gesunden Ernährung zu verführen. Keinesfalls sollten Sie zu missionieren versuchen, denn schließlich ist auch die Ernährung eine individuelle Angelegenheit.

Die Trennkost gibt nur Richtlinien vor, an denen man sich orientieren kann. Das Individuelle ist dabei dem Allgemeinen übergeordnet. Dementsprechend kann die Ernährung also auch individuell modifiziert werden.

Gehen Sie bei der Umstellung also langsam vor. Bringen Sie beispielsweise allmählich immer mehr gesunde Kost aus biologischem Anbau auf den Tisch. Verringern Sie ebenfalls die Menge der Säurebildner (beispielsweise Fleisch und Fisch sowie Wurstwaren) pro Mahlzeit; und bieten Sie die Säurebildner insgesamt seltener an. Auch die Atmosphäre während der Mahlzeiten ist von großer Bedeutung. Halten Sie vor allem die Kinder dazu an, langsam und in Ruhe zu essen und gründlich zu kauen. Dabei müssen Sie natürlich selbst mit gutem Beispiel vorangehen.

Den Verzehr von Wurstaufschnitt sollten Sie reduzieren und dafür zum Beispiel wie Schmalz schmeckendes, aber pflanzliches Zwiebelschmalz aus dem Naturkost- oder Bioladen auf den Tisch bringen. Bieten Sie außerdem statt Marmelade, Konfitüre und anderen süßen Brotaufstrichen Honig an, und stellen Sie immer öfter Vollkornbrot statt des üblichen Weißmehlbrotes auf den Tisch.

In der Praxis können Sie beispielsweise beim Kuchenbacken das übliche Weißmehl zum Teil durch Vollkornmehl ersetzen. Erhöhen Sie dann aber die Flüssigkeitsmenge für den Teig etwas, damit er nicht zu fest wird. Außerdem empfiehlt es sich, die im Rezept angegebene Zuckermenge zu reduzieren oder durch Honig zu ersetzen. Testen Sie aus, wie weit Sie Ihre Familie an die Trennkost heranführen können, und gehen Sie dabei behutsam vor. Sollte sich ein Familienmitglied nun überhaupt nicht mit dieser Ernährungsform anfreunden können, sollten Sie es, des Familienfriedens zuliebe, nicht dazu zwingen. Am besten, Sie kochen Ihre Trennkostmahlzeiten für die gesamte Familie und ergänzen Sie bei dem „Abtrünnigen" durch die fehlende Komponente. Das heißt, servieren Sie eine Kohlenhydratmahlzeit, dann ergänzen Sie diese durch ein Stück Fleisch oder Fisch; reichen Sie eine Eiweißmahlzeit, dann fügen Sie Reis, Kartoffeln oder Nudeln hinzu.

# Trennkost – ein Weg zu ganzheitlichem Wohlbefinden

## Wer kann von Trennkost profitieren?

Die gesunde Ernährung ist ein ganz wesentlicher Teil einer naturgemäßen Lebensführung, eine wichtige Voraussetzung für Gesundheit, gute Lebensqualität und Lebensfreude. Vielleicht fragen Sie sich jetzt, ob Sie zu den Menschen gehören, die von der Trennkost gesundheitlich profitieren können. Ist beispielsweise Ihr Immunsystem manchmal nicht stark genug? Leiden Sie an einer Allergie? Treten bei Ihnen gehäuft Infekte auf? Oder liegt sogar eine schwere Krankheit wie Krebs vor, bei der ebenfalls das Immunsystem beeinträchtigt ist? In diesen Fällen ist Trennkost für Sie unbedingt vorteilhaft, weil Sie durch diese Kost reichlich Vitalstoffe, Vitamine, Mineralstoffe und Spurenelemente zu sich nehmen, ohne den Körper unnötig zu belasten.

Ist Ihr Stoffwechsel gestört, wie es bei Übergewicht, erhöhtem Blutdruck, Diabetes, hohen Blutfettwerten und erhöhten Harnsäurewerten bis hin zur Gicht der Fall ist, bietet sich ebenfalls die Trennkost an. Der Stoffwechsel funktioniert, die Durchblutung wird angeregt, Übergewicht kann dauerhaft reduziert werden. Sie spüren subjektiv eine Besserung; die Laborwerte, die der Arzt ermittelt, zeigen dies objektiv an. Weiter bessern sich durch die Entlastung des Verdauungstraktes und die Versorgung des Körpers mit allen lebenswichtigen Vitalstoffen eventuell bestehende körperliche und seelische Erschöpfungszustände, die nicht selten mit Depressionen einhergingen. Durch den Abbau des Säureüberschusses im Körper können chronische Schmerzzustände im Bereich von Gelenken, Muskeln, Bändern, Sehnen und Knochen, aber beispielsweise auch Kopfschmerz oder Migräne gelindert werden.

Doch nicht nur für Kranke, auch für Gesunde ist die Trennkost eine gute Empfehlung. Wer sich auf diese Weise ernährt, bleibt leistungsfähig, beziehungsweise wird noch leistungsfähiger, erhält seine Gesundheit, beugt Krankheiten vor und altert langsamer.

Schon im antiken Griechenland wurden die Aufgaben der Ärzte in der Reihenfolge ihrer Wichtigkeit genannt: An erster Stelle stand die Erhaltung der

Gesundheit, gefolgt von der Vorbeugung gegen Krankheiten. Erst dann kam die Behandlung, die sich ihrerseits in drei Schritte aufteilte: Zunächst das Gespräch des Arztes mit dem Patienten. Dabei sollte der Arzt versuchen, den Patienten wieder zu einer naturgemäßen Lebensordnung („Diaitia“ genannt, was viel mehr als nur Diät bedeutet) zurückzuführen. Erst wenn dies allein keinen Erfolg zeigte, sollte der Arzt zu pflanzlichen Heilmitteln greifen. Ganz zuletzt, an dritter Stelle der Behandlungsmöglichkeiten, stand das Messer, also die Operation.

Und wie sieht unser Gesundheitssystem heute aus? Oft wird so lange ungesund gelebt, bis Erkrankungen auftreten. Und dann betreibt man mit großem Aufwand Diagnostik und Therapie, um die Krankheit zu erkennen und zu heilen.

Noch ein Beispiel aus der Geschichte: Im alten China hatten reiche Großfamilien einen eigenen Arzt. Dieser bekam ein festes Einkommen, solange die zu versorgenden Familienmitglieder gesund waren. Erkrankte jemand, wurde das Einkommen des Arztes gekürzt. Dies war eine hervorragende Motivation für den Arzt, die Menschen dazu zu bringen, gesund zu bleiben und Krankheiten vorzubeugen.

Mir scheint diese Praxis wesentlich vernünftiger, als die heutzutage übliche Regelung, bei der der Arzt ja fast ausschließlich an der Krankheit verdient. Auch wir sollten heutzutage viel mehr auf Gesunderhaltung und Krankheitsvorbeugung achten und die darauf gerichtete Motivation fördern. Im alten China wurde auch einem Arzt, der einen schlimmen Behandlungsfehler begangen hatte, eine rote Laterne ans Haus gehängt. Böse Zungen stellen dazu die ketzerische Frage, wie es dann wohl an deutschen Ärztehäusern aussähe, würde diese Maßnahme hier praktiziert. Auch Sportler, im allgemeinen ja recht gesunde Menschen, können von der Ernährung durch Trennkost profitieren. Der berühmte deutsche Radrennfahrer Rudi Altig hat dies in einem Film über Trennkost eindrucksvoll bestätigt. Ein israelischer Sportarzt berichtete Dr. Walb, daß die mit Trennkost ernährten Sportler leistungsfähiger seien und kürzere Erholungsphasen hätten, als die „normal“ ernährten.

Menschen, die sich von schweren Operationen erholen oder in Rehabilitationskliniken aufhalten müssen, würden gesundheitlichen Nutzen aus der Ernährung mit Trennkost ziehen; leider wird sie nicht überall angeboten. Bestens geeignet ist die Trennkost auch für diejenigen, die schlanker und fitter werden möchten. Mit Trennkost geht dies ohne lästiges Kalorienzählen und läßt sich sehr wohl mit Freude und Genuß am Essen verbinden.

Auch ältere Menschen mit häufig vorgeschädigtem Verdauungstrakt können durch Trennkost ihre Verdauungsorgane entlasten und munterer werden.

Wie weiter vorne im Buch bereits beschrieben, können auch Berufstätige im Büro oder bei Arbeitsessen meist leicht nach dem Trennkostprinzip essen und sich so ihre Leistungsfähigkeit erhalten.

Auch Schüler und Jugendliche können sich nach dem Motto „Trimm dich fit, trenn die Kost“ die Gesundheit durch Trennkost erhalten und Krankheiten vorbeugen. Die Konzentrationsfähigkeit und das Sozialverhalten können sich bessern, weil mit der Nahrung weniger belastende Zusatzstoffe, dafür aber mehr notwendige Vitalstoffe zugeführt werden. Last but not least kommen auch die Gourmets, also die Feinschmecker, mit Trennkost auf ihre Kosten, denn es gibt eine Fülle köstlicher Trennkostgerichte, die Gesundheit und Genuß elegant miteinander verbinden.

## Warum nun wirkt Trennkost so positiv?

Die „Ungläubigen“ erleben an sich selbst die positiven Auswirkungen der Trennkost, ohne tiefe Einschnitte in liebgewonnene Gewohnheiten machen zu müssen. Und wer dies erst einmal erlebt hat, braucht keine wisenschaftliche Bestätigung der Trennkosttheorie mehr. Dennoch sei hier noch einmal kurz zusammengefaßt, warum die Trennkost so positiv wirkt:

- Durch die Trennung der Eiweiße von den Kohlenhydraten innerhalb einer Mahlzeit wird der Verdauungstrakt entlastet.
- Die Basenbildner, die vorwiegend verzehrt werden (Früchte, Salate und Gemüse), stärken das Immunsystem.
- Die Belastung des Körpers durch Nahrungsmittelzusatzstoffe, Konservierungsmittel und Rückstände von Pflanzenschutzmitteln wird wesentlich verringert, da die Nahrung naturbelassen ist.
- Lebensfreude, Vitalität, Fitneß und Leistungsfähigkeit nehmen zu.
- Nach einer Eiweißmahlzeit am Mittag ist der Kopf klarer; nach einer Kohlenhydratmahlzeit am Abend erholen Sie sich im Schlaf besser.
- Durch die naturbelassenen Lebensmittel wird der Organismus mit gesundheitsspendenden Vitaminen, Mineralstoffen und Spurenelementen versorgt.

Letztlich aber profitieren nicht nur Sie selbst durch die vollwertige Trennkost in vielerlei Hinsicht. Nein, auch die Umwelt wird weniger belastet, denn durch die größere Nachfrage nach biologisch erzeugten Lebensmitteln wird der ökologische Landbau an sich unterstützt. So bestimmen Sie durch Ihre Nachfrage zusammen mit weiteren Millionen von Trennköstlern die Entscheidung der Produzenten (Bauern) und die Entscheidung das Handels (Lebensmittelgeschäfte) mit. Künftig können so mehr und mehr biologisch erzeugte Lebensmittel produziert und angeboten werden, was letztlich sehr vielen Menschen und unserer Umwelt Nutzen bringen wird.

Die gesunde Ernährung ist eine wesentliche Säule der naturgemäßen Lebensführung, welche uns gesund erhält und Krankheiten vorbeugt.

## Weitere Wege zum ganzheitlichen Wohlbefinden

### Trinken ist wichtig

Mindestens genauso wichtig wie die Auswahl des richtigen Essens ist die Wahl geeigneter Getränke. Hier bietet sich Quellwasser an, wie es in Bio- und Naturkostläden erhältlich ist. Aber auch Kräuter- und Früchtetees sowie verdünnte Obstsäfte sind ideale Durstlöscher.

### Richtiges Atmen

Von ebenso großer Bedeutung wie Essen und Trinken für das Wohlbefinden ist die Art und Weise, wie wir atmen. Normalerweise nutzen wir im Schnitt nur etwa ein Fünftel unserer Lungenkapazität. Der Rest liegt mehr oder weniger brach. Durch bewußt tiefes Atmen in den Bauch, nachdem Sie zuvor tief ausgeatmet haben, geben Sie Ihrem Körper mehr lebensnotwendigen Sauerstoff. Das wirkt sich auf alle Körperfunktionen positiv aus: Körper, Seele und Geist profitieren davon. Wie geht das im Alltag? Sie entspannen sich, atmen langsam und ruhig ganz tief aus. Atmen Sie dann ganz langsam und tief ein: erst in den Unterbauch, dann in den Mittelbauch, danach in den Oberbauch, weiter in die Flanken und zuletzt bis in die Lungenspitzen. Das geht leichter, wenn Sie die Hände auf den Unterbauch legen und dann dorthin atmen.

Wenn Sie diese Übung im Liegen machen, wölbt sich der Bauch deutlich nach oben vor. Die damit verbundene Bewegung des Zwerchfells führt zu einer rhythmischen Massage aller Bauchorgane, was den Blut- und Lymphstrom verbessert und wohltuend auf den Körper wirkt.

Erleben Sie, wie die langsame und tiefe Atmung Ihr vegetatives Nervensystem entspannter und ausgeglichener werden läßt. Wenn Sie die Übung einige Male täglich durchführen, wird sich das normale, regelmäßige Atmen allmählich zu einer dauerhaft besseren Atmung entwickeln.

### Körperliche Bewegung macht fit

Neben richtigem Essen, Trinken und Atmen dient regelmäßige, angemessene körperliche Aktivität in hohem Maße der Gesundheit. Ein junger, leistungsfähiger Schüler wird natürlich anders Sport treiben als ein 75jähriger Rentner. Grundsätzlich ist jedoch angemessene körperliche Aktivität gesundheitlich von großem Nutzen, denn der ausgewogene Wechsel zwischen Anspannung und Entspannung wirkt wohltuend. Schon Rudolf Steiner, der Begründer der Anthroposophie, sagte: „Rhythmus trägt Leben." Heutzutage ist bei uns das Gleichgewicht zumeist in Richtung Anspannung verschoben. Wir können uns den Einflüssen einer hektischen Umwelt sowie den Anforderungen im Beruf und Alltag kaum entziehen. Die ständige Reizüberflutung, dazu ein Übermaß an Koffein und Nikotin tun das ihrige. Da wundert es nicht, wenn viele Menschen schlecht schlafen. Sehr viele meiner Patienten, die unter Schlafstörungen leiden, finden durch eine naturgemäße Lebensweise jedoch wieder zu einem erquickenden Schlaf zurück. Als notwendigen Gegenpol zu den vielen Dingen, die uns angespannt sein lassen, brauchen wir eben die Entspannung in Ruhe und Stille.

## Auch unsere Organe brauchen Pflege

Die Pflege der Ausscheidungs- und Entgiftungsorgane, die für die Entschlackung unseres Organismus sorgen, und die häufig viel zu vielen Belastungen ausgesetzt sind, ist von größter Bedeutung. Ein normaler Stuhlgang und gut funktionierendes Wasserlassen sowie körperliche Aktivitäten, bei denen man ins Schwitzen kommt, wirken sich positiv auf unser Wohlbefinden aus. Ebenfalls günstig ist ein vermehrtes Schwitzen in der Sauna. Dort bleiben wir allerdings passiv; das durch körperliche Aktivität herbeigeführte Schwitzen ist grundsätzlich günstiger zu bewerten.

## Streicheleinheiten für Geist und Seele

Nicht nur die Auswahl der Lebensmittel und der Getränke sollte uns am Herzen liegen. Auch die Eindrücke, die wir über unsere Sinnesorgane aufnehmen, beeinflussen uns. Bedenken Sie einmal, wie sich Filme mit Gewaltdarstellungen im Sinne negativer Vorbilder auf Kinder und Jugendliche auswirken. Wie viele negative Eindrücke werden über Fernseher, Radio und gedruckte Medien an uns herangetragen. Hier bewußt Gutes und qualitativ Hochwertiges auszuwählen, also beispielsweise bewußt weniger, dafür aber gezielter, fernzusehen, wäre bereits ein überaus positiver Ansatz. Auch die Auswahl dessen, was wir lesen und was wir hören, sollte uns am Herzen liegen. Wie wohltuend ist das Plätschern eines Baches, das Gezwitscher von Vögeln, das Rauschen der Blätter im Wind. Welch ein Gegensatz zu dröhnenden Motoren, abgasgeschwängerter Luft, lieblos gestalteten Häusern, grau in grau. Das bewußte Leben, das tägliche Danksagen für all das Gute, was wir erleben können, hilft uns, gesund zu werden oder zu bleiben. So freue ich mich über die Sonnenstrahlen, das Lachen eines Kindes, die Schönheiten der Natur, die freundlichen Worte eines Mitmenschen.

In der Ruhe und der Stille liegt unsere Kraftquelle. Hier ist der Platz für die Rückbindung zu unserem eigentlichen Ursprung, und „re-ligio" heißt ja Rückbindung. Ich bin zutiefst davon überzeugt, daß es eine höhere Macht gibt. Wir nennen sie Gott, die Juden Jahwe, die Moslems Allah. Der tägliche Kontakt zu Gott in der Entspannung, im Gebet oder in der Meditation ist aus meiner subjektiven Sicht das Wichtigste für uns Menschen überhaupt. Wer Gottvertrauen und Selbstvertrauen hat, kann auch große Schwierigkeiten gelassen angehen. Er weiß, daß diese Herausforderungen für die Persönlichkeitsentwicklung sind.

In diesem ganzheitlichen Sinne hoffe ich, daß die Ernährung mit der Trennkost auch bei Ihnen ihre vielfältigen Wirkungen zeigt. Und ich wünsche Ihnen, daß Sie mit Ihrem Zuwachs an Vitalität, Gesundheit und Lebensfreude auf andere ansteckend wirken!

# Hinweise zu den Rezepten

Alle Rezepte, die ich in diesem Buch für Sie zusammengestellt habe, sollen Ihnen beispielhaft zeigen, wie vielfältig und schmackhaft Sie mit der Trennkost kochen können.

## Zuordnung der Rezepte

Die Rezeptnamen sind in verschiedenen Farben ausgezeichnet, damit Sie gleich sehen können, zu welcher der drei Lebensmittelgruppen (siehe den Trennungsplan auf den Seiten 48 und 49) ein bestimmtes Gericht gehört. Hier die Erläuterung der Farben:

rot = Kohlenhydratgericht
grau = neutrales Gericht
blau = Eiweißgericht

## Portionsangaben

Bei jedem Rezept steht dabei, wieviele Portionen es ergibt. Wenn Sie von einem Gericht einmal mehr oder weniger Portionen zubereiten möchten, können Sie die Zutatenmengen in der Regel problemlos umrechnen (also halbieren, verdoppeln etc.).

## Angaben zur Zubereitungszeit

Die Zubereitungszeit beinhaltet sowohl die Vorbereitungszeit (putzen, waschen, kleinschneiden) als auch die Gar- oder Backzeit. Es handelt sich dabei stets um Durchschnittswerte. Besondere Zeiten, wie Quellzeit, Zeit zum Gehen oder zum Kühlen, sind immer extra ausgewiesen und müssen zur Zubereitungszeit hinzugezählt werden.

## Zutatenmengen

Die Zutatenmengen beziehen sich immer auf die ungeputzte Rohware. Bei Stückangaben (z. B. 1 Apfel, 1 Karotte oder 1 Kohlrabi) wird immer von einem Stück mittlerer Größe ausgegangen. Sind Zutaten in Eßlöffeln oder Teelöffeln angegeben, so sind damit gestrichene Maße gemeint.

## Vorspeisensalate

Im Kapitel „Kleine Gerichte" finden Sie einige Salate, die sich auch als Vorspeisensalat vor dem Hauptgericht eignen. Falls Ihnen die Mengen zu groß sind, können Sie sie entweder reduzieren oder die ganze Menge zubereiten und den übrigbleibenden Salat später als Zwischenmahlzeit essen.

## Hinweise zu einigen verwendeten Lebensmitteln

■ Die richtige Auswahl von Ölen und Fetten spielt in der Trennkost eine große Rolle. Generell sollten Sie kaltgepreßte, unraffinierte Pflanzenöle bevorzugen, denn diese enthalten viele wertvolle mehrfach ungesättigte Fettsäuren. Dazu gehören Weizenkeimöl, Maiskeimöl, Leinöl, Distelöl, Sonnenblumen- und Olivenöl. Zum Kochen sollten Sie nur Oliven- oder Sonnenblumenöl verwenden, denn diese beiden Sorten lassen sich problemlos erhitzen.

Neben den genannten Pflanzenölen sind auch Butter und Reformmargarine mit einem hohen Anteil an ungesättigten Fettsäuren sehr empfehlenswert. Wichtig ist nur, daß die Butter nie überhitzt oder zu stark gebräunt wird.

Alle gehärteten Fette sowie alle raffinierten Öle sollten Sie meiden.

■ Werden Eier verwendet, so sollten Sie stets solche von freilaufenden Hühnern nehmen.

■ Bei Honig empfiehlt es sich, kaltgeschleuderten zu nehmen, denn dieser enthält noch wertvolle Vitamine und Enzyme. Wird Honig heiß geschleudert, gehen diese weitgehend verloren.

■ Bei Joghurt sollten Sie solchen bevorzugen, der viel rechtsdrehende Milchsäure enthält. Diese kann im Vergleich zur linksdrehenden Milchsäure viel besser von unserem Körper verstoffwechselt werden.

■ Zum Salzen empfehle ich Vollmeersalz. Im Vergleich zum herkömmlichen Kochsalz enthält dieses mehr wertvolle Mineralstoffe. Seien Sie aber trotzdem sparsam beim Salzen Ihrer Gerichte.

■ Zum Würzen wird in der Trennkost gerne Kräutersalz verwendet. Dabei sollten Sie eines aus dem Reformhaus bevorzugen. Gehen Sie mit dem Kräutersalz aber sparsam um.

■ Zum Säuern von Salatsaucen und anderen Speisen wird in der Trennkost statt Essig häufig Molkosan genommen. Dieses vergorene Molkekonzentrat bekommt man in jedem guten Reformhaus.

■ Auch wenn in der Trennkost Senf und Essig gemieden werden sollen, können doch kleine Mengen davon zum Würzen der Speisen verwendet werden. Senfsaucen oder in Essig eingelegtes Gemüse hingegen enthalten sehr viel von diesen Würzzutaten und sollten daher nicht verzehrt werden.

■ Manche Gerichte schmecken erst richtig gut, wenn sie mit etwas Zitronensaft oder Honig abgeschmeckt werden. Da die dafür nötigen Mengen sehr klein sind, können Sie auch einmal Kohlenhydratgerichte mit Zitronensaft (gehört in die Eiweißgruppe) und Eiweißgerichte mit Honig (gehört in die Kohlenhydratgruppe) abschmecken. Die Mengen sollten aber immer sehr klein sein.

### Abkürzungen

| | | |
|---|---|---|
| TL | = | Teelöffel (gestrichen) |
| EL | = | Eßlöffel (gestrichen) |
| g | = | Gramm (1000 g = 1 kg) |
| kg | = | Kilogramm |
| ml | = | Milliliter (1000 ml = 1 l) |
| l | = | Liter |
| Msp. | = | Messerspitze |
| Fett i. Tr. | = | Fett in der Trockenmasse |
| ca. | = | circa |
| °C | = | Grad Celsius |
| cm | = | Zentimeter |
| TK-… | = | Tiefkühl … |

# Rezepte

Was wäre eine Theorie ohne konkreten Praxisbezug? Daher finden Sie auf den folgenden Seiten viele Vorschläge für trennkostgerechte Mahlzeiten. Angefangen von Rezepten für Frühstück, Zwischenmahlzeiten und Desserts, reicht die Palette bis hin zu kleinen Speisen und Hauptgerichten. Mit Hilfe dieser Rezepte können Sie jeden Tag trennkostgerecht gestalten und die Speisen harmonisch aufeinander abstimmen. Diese Harmonie spendet Wohlbehagen, das Sie am eigenen Körper spüren werden. Und auf diesem Boden gedeihen Gesundheit und Wohlbefinden.

Freuen Sie sich auf Ihre täglichen Mahlzeiten, denn sie spenden Ihnen Energie für den Tag. Genießen Sie das Essen, und spüren Sie seine wohltuende Wirkung auf Ihren Körper. Wichtig ist, daß Sie sich auf die Mahlzeiten konzentrieren. So sollte der Fernseher während des Essens aus bleiben, die Zeitung oder das Buch zugeschlagen sein. Auch das Telefon darf ruhig einmal „ins Leere“ klingeln. Damit Ihr Körper alle Nahrungsbestandteile gut verdauen kann, ist es wichtig, daß Sie jeden Bissen gut einspeicheln und kauen. So können die Verdauungsenzyme optimal wirken. Und nach dem Essen sollten Sie nicht zum Kaffee oder zur Zigarette greifen, sondern ein paar Schritte an der frischen Luft tun – und vielleicht sogar etwas Gymnastik machen.

Viele der nachfolgenden Gerichte lassen sich problemlos mit an die Arbeit nehmen. So können Sie die Trennkost auch dort ohne viel Aufwand praktizieren. Bei Salaten sollten Sie Sauce und Salatzutaten immer getrennt verpacken und beides erst kurz vor dem Essen mischen. So bleibt der Salat knackig-frisch und schmeckt wie gerade zubereitet. Einige warme Gerichte können Sie auch morgens kurz erwärmen und, in eine Thermobox gefüllt, mitnehmen. Diese hält die Speise recht lange warm.

# Frühstück, Zwischenmahlzeiten und Desserts

## Honigjoghurt mit Dinkel

Zubereitungszeit:
ca. 10 Minuten

Für 1 Portion

**1 sehr kleine Banane**
**1 EL flüssiger Honig**
**100 g Vollmilchjoghurt mit rechtsdrehender Milchsäure**
**4 EL Dinkelflocken**
**1 EL gehackte Mandeln**

**1.** Die Banane schälen, kleinschneiden und zusammen mit Honig und Joghurt pürieren. Dann in einen tiefen Teller geben.
**2.** Die Dinkelflocken darauf streuen und die Mandeln darüber verteilen.

### Variationen

■ Statt der Dinkelflocken können Sie auch kernige Haferflocken nehmen.
■ Die Mandeln lassen sich durch gehackte Walnußkerne, ungesalzene Pistazien oder Haselnüsse ersetzen.

## Frischkornmüsli

Quellzeit: 12 Stunden oder über Nacht
Zubereitungszeit: ca. 10 Minuten

Für 1 Portion

**2 EL Getreidekörner (z.B. Dinkel, Weizen, Roggen, Gerste)**
**5 EL Quellwasser**
**1 TL Honig**
**1 EL Sahne**
**2 TL gehackte Walnußkerne**

**1.** Das Getreide in einer Getreidemühle grob schroten und 12 Stunden oder über Nacht in dem Quellwasser einweichen.
**2.** Am nächsten Tag den Honig und die Sahne hinzufügen und alles gut mischen. Mit den gehackten Walnußkernen bestreuen. (auf dem Foto oben)

## Orangen-Kiwi-Salat

Zubereitungszeit: ca. 15 Minuten

Für 1 Portion

**1 kleine Orange**
**1 Kiwi**
**100 g Speisequark**
**1 EL Haselnußkerne**

**1.** Die Orange sehr sorgfältig schälen, so daß die weiße Haut vollständig entfernt ist. Dann die Fruchtfilets mit einem Messer aus den Trennhäuten herausschneiden. Den dabei austretenden Saft auffangen. Die Kiwi schälen und in Scheiben schneiden.
**2.** Den aufgefangenen Orangensaft mit dem Quark verrühren. Einen Teil der Haselnußkerne zum Garnieren beiseite legen. Die übrigen fein hacken, unter den Quark rühren.
**3.** Den Quark auf einen Teller geben. Die Fruchtstücke dekorativ darauf anrichten. Den beiseite gelegten Haselnußkern darauf legen.
(auf dem Foto unten)

### Tip

Dieses Frühstück sollten Sie sofort nach Fertigstellung verzehren, denn frische Kiwis enthalten ein eiweißspaltendes Enzym, was den Quark zersetzen kann. Er wird dann bitter.

## Feinschmeckerfrühstück

Zubereitungszeit:
ca. 15 Minuten

Für 1 Portion

**1 großer Apfel**
**1 Birne**
**6 Erdbeeren**
**2 EL Leinsamen**
**1 TL Honig**
**2 EL Speisequark**
**1 TL Mandelmus**
**(aus dem Reformhaus)**

**1.** Den Apfel und die Birne waschen und grob reiben. Die Erdbeeren waschen, verlesen und kleinschneiden. Den Leinsamen fein mahlen.
**2.** Das Obst zusammen mit dem Honig, dem Quark, dem Leinsamen und dem Mandelmus im Mixer oder mit dem Schneidstab fein pürieren.

## Obstfrühstück

Zubereitungszeit:
ca. 10 Minuten

Für 1 Portion

**1 Apfel**
**1 EL Quark**
**1 TL Honig**
**Saft von 1/4 Zitrone**
**1 TL Mandelmus**
**(aus dem Reformhaus)**
**2 EL Orangensaft**
**1 EL Leinöl**
**1 TL gehackte Mandeln**
**zum Bestreuen**

**1.** Den Apfel waschen und dann grob reiben. Alle Zutaten (außer den gehackten Mandeln) zusammen im Mixer oder mit dem Schneidstab fein pürieren.
**2.** Das Obstfrühstück in ein Schälchen geben und mit den Mandeln bestreuen.

## Käseomelett mit Tomaten

Zubereitungszeit:
ca. 20 Minuten

Für 1 Portion

**2 kleine Eier**
**etwas Vollmeersalz**
**Gewürz- oder Kräutersalz**
**1/2 Bund Schnittlauch**
**50 g würziger Schnittkäse**
**1 EL Butter**
**2 kleine Tomaten**

**1.** Die Eier verquirlen und mit wenig Vollmeersalz und Gewürz- oder Kräutersalz würzen.
**2.** Den Schnittlauch waschen, trockentupfen und in feine Röllchen schneiden. Den Käse in kleine Würfel schneiden. Ihn zusammen mit der Hälfte des Schnittlauchs unter die Eier ziehen.
**3.** Dann 1/2 Eßlöffel Butter in einer beschichteten Pfanne erhitzen und darin aus den Eiern bei schwacher Hitze ein Omelett backen. Es anschließend aus der Pfanne nehmen und warmstellen.
**4.** Die Tomaten waschen, putzen und in Scheiben schneiden. Den restlichen 1/2 Eßlöffel Butter in der Pfanne erhitzen und die Tomatenscheiben darin kurz anbraten.
**5.** Die Tomaten auf einen Teller geben und das Omelett darüberlegen. Es mit dem restlichen Schnittlauch garnieren.

## Mohnbrötchen

Zubereitungszeit:
ca. 1 Stunde
Zeit zum Gehen:
ca. 1 Stunde

Für etwa 8 Stück

**250 g Dinkelvollkornmehl**
**250 g Weizenvollkornmehl**
**1/2 Würfel frische Hefe (20 g)**
**300 ml lauwarmes Wasser**
**1 TL Vollmeersalz**
**1 EL kaltgepreßtes Pflanzenöl**
**50 g Mohn**

**1.** Die Mehlsorten in einer großen Schüssel mischen. Die Hefe zerbröckeln und in 150 ml lauwarmem Wasser vollständig auflösen. Das Salz ebenfalls in 150 ml lauwarmem Wasser auflösen. Beides zusammen mit dem Öl und mit dem Mehl verkneten, bis ein kompakter Teig entstanden ist.
**2.** Den Teig etwa 10 Minuten kneten, dann abdecken und an einem warmen Ort etwa 30 Minuten gehen lassen, bis sich sein Volumen verdoppelt hat. In der Zwischenzeit ein Blech mit Backpapier belegen.
**3.** Den Teig weitere 2 bis 3 Minuten kräftig kneten. Dann zu Brötchen formen.
**4.** Den Mohn auf einen Teller schütten und die Brötchen mit der Oberseite hineindrücken, so daß der Mohn daran hängenbleibt.
**5.** Die Mohnbrötchen auf das vorbereitete Backblech setzen und abgedeckt erneut etwa 30 Minuten bei Zimmertemperatur gehen lassen.
**6.** Den Backofen auf 250° C vorheizen. Auf den Backofenboden eine hitzebeständige Tasse mit Wasser stellen (dann gehen die Brötchen besser auf). Die Brötchen im Ofen auf der mittleren Schiene 20 bis 25 Minuten backen.

### Tip

Bestreichen Sie die Brötchen mit Honig und Butter oder mit dem Avocadoaufstrich (Rezept Seite 93).

## Dinkelvollkorn-kekse

Zubereitungszeit:
ca. 35 Minuten
Ruhezeit:
ca. 30 Minuten

Für ca. 30 Stück

**Für den Teig:**
**300 g feines Dinkelvollkornmehl**
**100 g Buchweizenmehl**
**120 g Reformmargarine**
**150 g Honig**
**100 g Kokosflocken**
**100 g feingehackte Haselnüsse**
**3 EL Schmand (saure Sahne extra)**
**etwas Zimtpulver**
**etwas Ingwerpulver**
**etwas Anispulver**
**1 Prise Vollmeersalz**
**abgeriebene Schale von 1 unbehandelten Zitrone**

**Außerdem:**
**1 EL Butter für das Blech**
**1 Eigelb zum Bestreichen**
**Sesam und Anis (ganz) zum Bestreuen**

**1.** Alle Zutaten für den Teig rasch miteinander verkneten. Sollte er nicht geschmeidig genug sein, etwas Wasser darunterkneten. Den Teig zu einer Kugel formen und zugedeckt im Kühlschrank noch etwa $^1/_2$ Stunde ruhen lassen.
**2.** Den Backofen auf 180° C vorheizen. Den Teig auf einer leicht bemehlten Arbeitsfläche dünn ausrollen und daraus Kreise, Sterne, Herzen und ähnliches ausstechen.
**3.** Ein Backblech fetten. Die Plätzchen darauf legen und mit dem verquirlten Eigelb bestreichen. Dann mit Sesam oder Anis bestreuen.
**4.** Anschließend die Plätzchen im Ofen auf der mittleren Schiene etwa 10 Minuten backen.

## Gegrillte Banane

Zubereitungszeit:
ca. 15 Minuten

Für 1 Portion

**1 kleine Banane**
**1 TL flüssiger Honig**
**4 Walnußkernhälften**

**1.** Den Backofengrill vorheizen. Die Banane schälen und der Länge nach halbieren. Die Schnittflächen mit dem Honig bestreichen.
**2.** Die Walnüsse hacken und anschließend die Schnittflächen der Banane damit bestreuen.
**3.** Die Bananenhälften auf einen feuerfesten Teller legen und unter dem Grill 4 bis 5 Minuten grillen.

## Bananencreme mit Feigen

Zubereitungszeit:
ca. 15 Minuten

Für 4 Portionen

**4 weiche Bananen**
**1 Prise Vanillemark**
**4 frische Feigen**
**3 EL ungezuckerte geschlagene Sahne**

**1.** Die Bananen schälen, in Stücke schneiden, mit einer Gabel zerdrücken und zusammen mit dem Vanillemark schaumig schlagen.
**2.** Die Feigen schälen und in kleine Stücke schneiden.
**3.** Die geschlagene Sahne unter das Bananenmus heben und die Feigenstückchen daruntermischen.

## Bananenquark

Zubereitungszeit:
ca. 15 Minuten

Für 4 Portionen

**4 weiche Bananen**
**6 EL Speisequark**
**1 EL Leinöl**
**1 EL Honig**
**2 EL Sonnenblumenkerne**

**1.** Die Bananen schälen, in Stücke schneiden und mit dem Mixer zu Bananenschnee aufschlagen.
**2.** Den Quark unter das Bananenmus ziehen und das Leinöl sowie den Honig darunterrühren.
**3.** Die Quarkspeise auf Schälchen verteilen und mit den Sonnenblumenkernen bestreuen.

### Variationen

- Rühren Sie noch 1 Eßlöffel Kokosraspeln unter den Quark.
- Schön nussig schmeckt das Dessert, wenn Sie 1 Eßlöffel gemahlene Haselnüsse darunterrühren.

## Rettichquark

Zubereitungszeit:
ca. 10 Minuten

Für 1 Portion

**50 g Rettich**
**100 g Magerquark**
**etwas Vollmeersalz**
**1 EL gemischte, gehackte Kräuter (z.B. Petersilie und Schnittlauch)**

**1.** Den Rettich schälen und fein reiben.
**2.** Dann den Rettich mit dem Quark gut mischen und mit Salz und den Kräutern abschmecken.

### Tip

Wenn der Rettich sehr wäßrig ist, brauchen Sie unter Umständen etwas mehr Quark.

## Himbeerquark

Zubereitungszeit:
ca. 10 Minuten

Für 1 Portion

**50 g Speisequark**
**1 TL Zitronensaft**
**evtl. 1/2 TL Ahornsirup**
**80 g Himbeeren**
**1 Schuß Mineralwasser**
**1 TL Sesamkörner**

**1.** Den Quark mit dem Zitronensaft und eventuell dem Ahornsirup glattrühren.
**2.** Die Himbeeren verlesen, kurz waschen und unter den Quark heben.
**3.** Den Früchtequark zuletzt mit dem Mineralwasser auflockern und mit dem Sesam bestreuen.
(auf dem Foto: unten)

## Hüttenkäse mit Obst

Zubereitungszeit:
ca. 10 Minuten

Für 1 Portion

**150 g Früchte der Saison, z.B. Erdbeeren, Äpfel, Birnen, Himbeeren, Pfirsiche (keine Bananen, frische Datteln oder Feigen)**
**100 g Hüttenkäse**

**1.** Die Früchte waschen, putzen, gegebenenfalls schälen und in kleine Stücke schneiden.
**2.** Das kleingeschnittene Obst vorsichtig mit dem Hüttenkäse mischen.
(auf dem Foto: oben)

## Joghurt-Früchte-Cocktail

Zubereitungszeit:
ca. 20 Minuten

Für 1 Portion

**1 Becher Vollmilchjoghurt mit rechtsdrehender Milchsäure**
**1 TL Zitronensaft**
**evtl. etwas Honig**
**ca. 125 g frisches Obst, z.B. Pfirsiche, Erdbeeren, Mandarinen, aber keine frischen Feigen, Datteln oder Bananen**
**2 Stückchen Obst zum Garnieren**

**1.** Den Joghurt glattrühren und mit dem Zitronensaft sowie eventuell etwas Honig abschmecken.
**2.** Die Früchte waschen, putzen, gegebenenfalls schälen, entsteinen oder entkernen und dann kleinschneiden.
**3.** Die Früchte in ein hohes Cocktail- oder Dessertglas geben und den Joghurt darübergießen.
**4.** Die Früchte zum Garnieren an den Glasrand stecken oder auf den Cocktail legen.

## Himbeereis

Zubereitungszeit:
ca. 10 Minuten

Für 1 Portion

**100 g tiefgekühlte Himbeeren**
**1 EL Sahne**
**1 EL Vollmilchjoghurt mit rechtsdrehender Milchsäure**
**evtl. 1 TL Ahornsirup**

**1.** Die Himbeeren etwas antauen lassen. Dann Sahne und Joghurt hinzufügen und alles zusammen im Mixer oder auch mit dem Schneidstab pürieren.
**2.** Zuletzt eventuell den Ahornsirup unter das Eis ziehen.

## Orangenshake

Zubereitungszeit:
ca. 10 Minuten

Für 1 Portion

**150 g Vollmilchjoghurt**
**Saft von 1 mittelgroßen Orange**
**1 Msp. Vanillemark**
**1–2 TL Kokosraspel**

**1.** Joghurt, Orangensaft und Vanillemark zusammen im Mixer gut mixen.
**2.** Die Kokosraspeln darunterrühren und den Shake in ein hohes Longdrinkglas geben.

## Pfirsichkefir

Zubereitungszeit:
ca. 10 Minuten

Für 1 Portion

**1–2 süße, reife Pfirsiche**
**250 g gekühlter Kefir**

**1.** Die Pfirsiche halbieren, entsteinen, in kleine Stücke schneiden und mit dem Schneidstab oder im Mixer pürieren.
**2.** Den Kefir nach und nach dazugeben und daruntermixen.

### Variation

Sie können diesen Kefir auch mit anderen Obstsorten zubereiten, z.B. mit Erdbeeren, Himbeeren, Orangen oder Johannisbeeren.

## Pfirsiche mit Nußsahne

Zubereitungszeit:
ca. 10 Minuten

Für 1 Portion

**2 Pfirsiche**
**6 Haselnüsse**
**100 g leicht geschlagene ungezuckerte Sahne**

**1.** Die Pfirsiche über Kreuz einritzen, kurz überbrühen, abschrecken und enthäuten. Sie dann halbieren, entsteinen und in feine Spalten schneiden. Die Haselnüsse mahlen.
**2.** Die Pfirsichspalten in eine Schüssel geben. Die Nüsse mit der Sahne mischen und über die Pfirsiche geben.

## Gefüllte Melone

Zubereitungszeit:
ca. 30 Minuten

Für 4 Portionen

**2 große Honigmelonen**
**4 Pfirsiche**
**400 g Himbeeren**
**4 EL geriebene Haselnüsse**
**1 EL Zitronensaft**
**oder 2–3 EL Orangensaft**

**1.** Die Melonen quer halbieren und die Fruchthälften mit einem großen Löffel aushöhlen. Das herausgelöste Fruchtfleisch kleinschneiden.
**2.** Die Pfirsiche waschen, halbieren, entsteinen und kleinschneiden. Die Himbeeren verlesen und kurz waschen. Das Obst mit dem Melonenfruchtfleisch, den Haselnüssen und dem Zitronen- oder Orangensaft vorsichtig mischen.
**3.** Den Obstsalat in die Melonenhälften füllen.

### Tip

Der Obstsalat schmeckt gut gekühlt besonders erfrischend. Stellen Sie ihn dafür 1 bis 2 Stunden in den Kühlschrank.

## Obstsalat mit Portwein

Zubereitungszeit:
ca. 30 Minuten

Für 4 Portionen

**2 Kiwi**
**1 Papaya**
**1 kleine Mango**
**2 Birnen**
**4 EL Portwein**

**1.** Die Früchte schälen. Die Kiwi halbieren und in Scheiben schneiden. Die Papaya der Länge nach halbieren und die Kerne mit einem Löffel herausschaben. Das Fruchtfleisch in mundgerechte Stücke schneiden.
**2.** Von der Mango das Fruchtfleisch entlang des Kerns abschneiden und würfeln. Die Birnen vierteln, die Kerngehäuse herausschneiden und die Birnen dann in Scheiben schneiden.
**3.** Die Früchte mischen und auf vier große Rotweingläser verteilen. Jeweils 1 Eßlöffel Portwein über den Obstsalat geben.
(auf dem Foto oben)

## Pikanter Kräuterquark

Zubereitungszeit:
ca. 15 Minuten

Für 1 Portion

**1 Knoblauchzehe**
**1/4 Bund Schnittlauch**
**1/2 Zwiebel**
**100 g Speisequark**
**1 TL Sojamehl**
**1/2 TL Hefeflocken**
**1 Msp. Kräuter- oder Gewürzsalz**

**1.** Die Knoblauchzehe schälen und fein hacken. Den Schnittlauch waschen, trockentupfen und in Röllchen schneiden. Die Zwiebel schälen und dann fein würfeln.
**2.** Den Quark mit Sojamehl, Hefeflocken sowie Knoblauch, Schnittlauch und Zwiebel glattrühren. Eventuell noch etwas Wasser dazugeben, um den Quark geschmeidiger zu machen. Zuletzt mit Kräutersalz abschmecken.
(auf dem Foto unten)

# Kleine Gerichte

## Chicoréesalat mit Bananen

Zubereitungszeit:
ca. 20 Minuten

Für 4 Portionen

**4 Chicoréestauden**
**2 Bananen**
**3 EL kaltgepreßtem Olivenöl**
**Saft von $^{1}/_{2}$ Zitrone**
**etwas Vollmeersalz**
**30 g Mandelblättchen**

**1.** Die Chicoréestauden waschen und die bitteren Strünke keilförmig herausschneiden. Die Blätter in etwa 2 cm breite Streifen schneiden.
**2.** Die Bananen schälen und in Scheiben schneiden. Bananenscheiben und Chicoréestreifen miteinander mischen.
**3.** Das Olivenöl mit dem Zitronensaft und etwas Vollmeersalz zu einer Marinade verrühren.
**4.** Die Salatzutaten in der Marinade wenden und den Salat mit den Mandelblättchen bestreuen.

## Rote-Bete-Frischkost

Zubereitungszeit:
ca. 25 Minuten

Für 4 Portionen

**2 Bananen**
**4 EL Schmand**
**(saure Sahne extra)**
**600 g rote Beten**
**4 große Kopfsalatblätter**

**1.** Die Bananen schälen und in Stücke schneiden. Den Schmand zusammen mit den Bananen im Mixer fein pürieren.
**2.** Die roten Beten schälen und auf der Rohkostreibe grob raspeln.
**3.** Die roten Beten mit dem Bananendressing mischen und auf den gewaschenen Salatblättern anrichten.
(auf dem Foto links)

## Tomaten-Paprika-Salat

Zubereitungszeit:
ca. 25 Minuten

Für 4 Portionen

**Für den Salat:**
**2 grüne Paprikaschoten**
**500 g Tomaten**
**4 Frühlingszwiebeln**

**Für die Sauce:**
**$^1/_2$ TL Senfkörner**
**2 EL kaltgepreßtes Oliven- oder Sonnenblumenöl**
**1–2 EL Molkosan (vergorenes Molkekonzentrat)**
**1 Prise Vollmeersalz**
**1 Prise Kräutersalz**
**6 Basilikumblätter**

**1.** Die Paprikaschoten waschen, putzen, vierteln und in feine Streifen schneiden.
**2.** Die Tomaten waschen, putzen, halbieren und in Scheiben schneiden. Die Zwiebeln putzen, waschen und in feine Röllchen schneiden.
**3.** Für die Sauce die Senfkörner mit dem Öl, Molkosan, Salz und Kräutersalz verrühren. Die Basilikumblätter waschen, trockentupfen, in Streifen schneiden und in die Sauce geben.
**4.** Die Salatzutaten auf Teller verteilen und mit der Sauce überziehen.
(auf dem Foto rechts)

## Bunte Rohkostplatte

Zubereitungszeit:
ca. 20 Minuten

Für 4 Portionen

**200 g Rotkraut**
**200 g Weißkraut**
**2 große Karotten**
**300 g Salatgurke**
**1 EL kaltgepreßtes Olivenöl**
**1 TL Naturjoghurt**
**$^1/_2$ TL Vollmeersalz**

**1.** Rotkraut und Weißkraut waschen, trockentupfen und in feine Streifen schneiden.
**2.** Die Karotte schälen, putzen und grob raspeln. Die Gurke waschen, putzen und in feine Scheiben schneiden.
**3.** Das Öl mit dem Joghurt, dem Salz und 5 bis 6 Eßlöffeln Wasser zu einer Sauce verrühren.
**4.** Das Gemüse, nach Sorten getrennt, auf Tellern anrichten und mit dem Dressing beträufeln.
(auf dem Foto oben)

## Brokkolirohkost

Zubereitungszeit:
ca. 40 Minuten

Für 4 Portionen

**Für den Salat:**
**800 g Brokkoli**
**2 rote Paprikaschoten**
**4 Tomaten**
**2 Zwiebeln**
**4 mittelgroße Karotten**

**Für die Sauce:**
**2 EL Molkosan (vergorenes Molkekonzentrat)**
**2 EL kaltgepreßtes Olivenöl**
**6 EL Sahnejoghurt**
**2 TL Honig**
**2 Knoblauchzehen**
**etwas Gewürzsalz**
**2 EL Schnittlauchröllchen**

**1.** Die Brokkoli putzen, waschen und grob raspeln. Die Paprikaschoten putzen, waschen und in kleine Würfel schneiden. Die Tomaten putzen, waschen und in feine Spalten schneiden.
**2.** Die Zwiebeln schälen und in kleine Würfel schneiden. Die Karotten schälen, putzen und in feine Streifen schneiden. Das kleingeschnittene Gemüse miteinander mischen.
**3.** Für die Sauce das Molkekonzentrat mit Öl, Sahnejoghurt und Honig verrühren. Die Knoblauchzehen schälen, durchpressen und hinzufügen. Die Salatsauce mit dem Gewürzsalz gut abschmecken.
**4.** Die Sauce unter die Salatzutaten ziehen und alles mit den Schnittlauchröllchen bestreuen.
(auf dem Foto unten)

## Gemischter Rohkostsalat

Zubereitungszeit:
ca. 35 Minuten

Für 4 Portionen

**einige Blätter Kopfsalat**
**4 große Tomaten**
**1 Salatgurke**
**1 Bund Radieschen**
**4 Frühlingszwiebeln**
**4 mittelgroße Karotten**
**4 EL Speisequark**
**4 EL Quellwasser**
**etwas Kräutersalz**
**4 EL gehackte Petersilie**
**4 EL Schnittlauchröllchen**

**1.** Die Salatblätter waschen, trockentupfen und in kleinere Stücke zerpflücken. Die Tomaten waschen, putzen und achteln.
**2.** Die Gurke, die Radieschen und die Frühlingszwiebeln waschen, putzen und in dünne Scheiben schneiden. Die Karotten schälen, putzen und in feine Stifte schneiden.
**3.** Den Quark mit Quellwasser glattrühren. Die Sauce mit Kräutersalz und Petersilie abschmecken.
**4.** Die Salatzutaten in einer Schüssel mit der Sauce mischen und den Salat mit den Schnittlauchröllchen bestreuen.
(auf dem Foto oben)

## Spinatsalat mit Ei

Zubereitungszeit:
ca. 30 Minuten

Für 1 Portion

**100 g frischer Blattspinat**
**1 kleine Zwiebel**
**1 hartgekochtes Ei**
**1–2 EL Sahne**
**1 TL Senf**
**1–2 EL Molkosan (vergorenes Molkekonzentrat)**
**etwas Vollmeersalz**
**etwas Hefestreuwürze**
**2 EL Schnittlauchröllchen**

**1.** Die Spinatblätter sehr gründlich waschen und die harten Stiele entfernen. Die Blätter in etwa 1/2 cm breite Streifen schneiden. Die Zwiebel schälen und in recht kleine Würfel schneiden.
**2.** Das Ei aufschneiden und das Eigelb herausnehmen. Es mit einem Löffel zerdrücken und mit Sahne, Senf und Molkekonzentrat verrühren. Die Sauce mit Vollmeersalz, Hefestreuwürze und Schnittlauchröllchen abschmecken.
**3.** Den Spinat und die Zwiebeln vorsichtig mit der Sauce mischen.
**4.** Das Eiweiß in kleine Stücke hacken und auf den Salat streuen.
(auf dem Foto unten)

## Leichter Waldorfsalat

Zubereitungszeit:
ca. 20 Minuten

Für 1 Portion

**1 grüner, säuerlicher Apfel**
**1 Stange Bleichsellerie**
**100 g grüne Weintrauben**
**4 Walnußkernhälften**
**100 g Schmand**
**(saure Sahne extra)**
**1 Walnußkern zum Garnieren**

**1.** Den Apfel waschen, vierteln, das Kerngehäuse entfernen und das Fruchtfleisch in kleine Würfel schneiden. Den Sellerie waschen, die Fäden abziehen, und den Sellerie in feine Scheiben schneiden.
**2.** Die Weintrauben waschen, halbieren und die Kerne entfernen. Die Walnußkerne grob hacken.
**3.** Die vorbereiteten Zutaten mit dem glattgerührten Schmand mischen. Den Salat mit der Walnußkernhälfte garnieren.
(auf dem Foto: Mitte)

### Variation

**Statt der Weintrauben können Sie auch frische Mandarinen- oder Orangenfilets nehmen.**

## Krautsalat mit Obst

Zubereitungszeit:
ca. 1 Stunde

Für 4 Portionen

**1 großer Rotkrautkopf**
**1 kleiner Weißkrautkopf**
**2 Grapefruits**
**2 Äpfel**
**150 g Knollensellerie**
**Saft von 1/2 Zitrone**
**2 rote Paprikaschoten**
**125 g Mayonnaise**
**(siehe Rezept Seite 86)**
**125 g Schmand**
**(saure Sahne extra)**
**etwas Kräutersalz**
**60 g Walnußkernhälften**

**1.** Die äußeren Blätter des Rotkohlkopfes entfernen. Die inneren Blätter bis auf einen dünnen Blattsaum vorsichtig herausnehmen, so daß eine „Schale" aus roten Blättern übrigbleibt. Diese Schale vorsichtig waschen und abtropfen lassen. Die herausgetrennten Rotkohlblätter waschen und in feine Streifen schneiden.
**2.** Den Weißkrautkopf putzen, waschen und in ganz feine Streifen schneiden. Diese mit einem Stampfer glasig stampfen.
**3.** Die Grapefruits sorgfältig schälen (auch die weiße Haut vollständig entfernen). Die Filets aus den Zwischenhäuten herausschneiden und würfeln. Die Äpfel waschen, vierteln und die Kerngehäuse entfernen. Die Äpfel dann in Würfel schneiden.
**4.** Den Sellerie schälen, putzen, fein raspeln und mit den Zitronensaft beträufeln. Die Paprikaschoten waschen, vierteln, putzen und in feine Streifen schneiden.
**5.** Die Mayonnaise mit dem Schmand verrühren und mit Kräutersalz pikant abschmecken. Das kleingeschnittene Kraut mit den anderen vorbereiteten Zutaten (außer der „Rotkohlschale") und der Sauce gut mischen und etwa 15 Minuten zugedeckt durchziehen lassen. Inzwischen die Nüsse grob hacken.
**6.** Die Rotkohlschale in eine große Salatschüssel setzen und einen Teil des Salates hineinfüllen. Mit den Nüssen bestreuen. Den restlichen Salat in einer normalen Salatschüssel dazustellen.
(auf dem Foto: unten)

## Einfache Salatsauce

Zubereitungszeit:
ca. 5 Minuten

Für 1 Portion

**1 EL kaltgepreßtes Pflanzenöl**
**(z. B. Distel-, Sonnenblumen- oder Olivenöl)**
**$^1/_2$ –1 EL Molkosan (vergorenes Molkekonzentrat)**
**1 TL Kräutersalz**
**evtl. etwas kaltes Wasser**

**1.** Öl und Molkosan kräftig miteinander verquirlen. Dann das Kräutersalz darunterrühren.
**2.** Nach Belieben etwas kaltes Wasser unter die Salatsauce quirlen.
(auf dem Foto: oben)

### Variationen

- Statt Molkosan können Sie auch Essig nehmen. Mehr als 1 Spritzer sollte es jedoch nicht sein.
- Verfeinern Sie die Grundsauce mit $^1/_2$ feingewürfelten Zwiebel, etwas gehackter Petersilie und $^1/_2$ zerdrückten Knoblauchzehe sowie mit etwas Muskat und Senfpulver.
- Für eine Kräutersauce feingehackte Petersilie, geschnittenen Estragon, Schnittlauchröllchen und zerdrückten Knoblauch dazugeben. Die Mengen können Sie nach Belieben wählen.
- Für eine sehr würzige Sauce 2 Messerspitzen Senf, Muskat, getrockneten Rosmarin und zerdrückten Knoblauch hinzufügen.
- Für eine cremige Sauce kleine Zwiebelwürfel, gehackte Petersilie, geschnittenen Dill, Muskat und etwa 1 Eßlöffel Sahne oder Schmand (saure Sahne extra) darunterrühren.

## Cremige Salatsauce

Zubereitungszeit:
ca. 5 Minuten

Für 2 Portionen

**1 Knoblauchzehe**
**2 EL Speisequark**
**2 sehr frische Eigelbe**
**1 EL Butter**
**1 TL Senf**
**1 Msp. getrockneten Salbei**
**etwas Kräutersalz**

**1.** Die Knoblauchzehe schälen und zerdrücken.
**2.** Alle angegebenen Zutaten zusammen im Mixer oder mit dem Pürierstab gut mixen, bis eine sämige Sauce entstanden ist.
(auf dem Foto: links)

## Mayonnaise

Zubereitungszeit:
ca. 10 Minuten

Für 1 Portion

**1 sehr frisches Eigelb**
**3 EL Pflanzenöl**
**1 TL Obst- oder Weinessig**
**1 Msp. Senfpulver**
**etwas Currypulver**
**1 Msp. Pfeffer**
**etwas Kräutersalz**
**etwas Knoblauchpulver**

**1.** Das Eigelb gut verschlagen. Dann das Öl unter ständigem Schlagen mit einem Schneebesen langsam dazugeben. So lange schlagen, bis eine dicke Creme entsteht.
**2.** Dann den Essig und die Gewürze darunterrühren.
(auf dem Foto: rechts)

### Tip

Da die Salatsauce und die Mayonnaise rohes Eigelb enthalten, sollten Sie sie unmittelbar nach der Zubereitung verzehren.

## Pilzsuppe mit Croûtons

Zubereitungszeit:
ca. 45 Minuten

Für 4 Portionen

**Für die Suppe:**
**300 g Champignons**
**3 Frühlingszwiebeln**
**2 EL Butter**
**1 EL Dinkelvollkornmehl**
**1 l vegetarische Gemüsebrühe**
**etwas Vollmeersalz**
**etwas geriebene Muskatnuß**
**2 Spritzer Zitronensaft**
**110 g Sahne**
**1 Bund Kerbel**
**einige Blättchen Pimpernelle**

**Für die Croûtons:**
**2 Scheiben Vollkorntoastbrot**
**1 TL Butter**

**1.** Die Champignons putzen, kurz waschen und in kleine Stücke schneiden. Die Zwiebeln putzen, waschen und fein hacken.
**2.** Dann 1 Eßlöffel der Butter in einem Topf erhitzen und die Zwiebeln darin glasig dünsten. Die Pilze dazugeben und mitbraten, bis alle Pilzflüssigkeit verdampft ist.
**3.** Das Mehl darüberstreuen und nur leicht anschwitzen lassen. Die Gemüsebrühe angießen, einmal umrühren, und die Suppe 5 bis 7 Minuten zugedeckt köcheln lassen.
**4.** Inzwischen für die Croûtons die Toastbrotscheiben in kleine Würfel schneiden und in der Butter goldgelb rösten.
**5.** Die Suppe mit Salz, Muskat und Zitronensaft abschmecken. Dann die Sahne hineinrühren.
**6.** Den Kerbel und die Pimpernelleblättchen waschen, trockentupfen und fein hacken.
**7.** Die Suppe auf vier Teller verteilen und dann mit den gehackten Kräutern sowie mit den Croûtons bestreuen.

## Dinkelsuppe mit Gemüse

Zubereitungszeit:
ca. 45 Minuten

Für 4 Portionen

**180 g Karotten**
**150 g Lauch**
**120 g Knollensellerie**
**1 mittelgroße Zwiebel**
**1 TL Butter**
**50 g Dinkelschrot**
**1 EL vegetarische Gemüsebrühe (Instantpulver)**
**1 EL Sahne**
**1 Msp. Ingwerpulver**
**1–2 EL gehackte Petersilie**

**1.** Karotten, Lauch und Sellerie putzen, gegebenenfalls schälen, waschen und in kleine Würfel schneiden. Die Zwiebel schälen und kleinwürfeln.
**2.** Dann 1/2 Teelöffel der Butter in einem Topf erhitzen und die Zwiebel darin glasig dünsten. Die Zwiebeln mit dem Dinkelschrot bestäuben und es kurz unter Rühren anschwitzen lassen.
**3.** Nun 1/2 l Wasser angießen, die vegetarische Gemüsebrühe und das vorbereitete Gemüse hinzufügen. Die Suppe zugedeckt 20 bis 25 Minuten bei milder Hitze garen.
**4.** Die Sahne sowie den restlichen 1/2 Teelöffel Butter in die Suppe einrühren und diese mit Ingwer abschmecken. Zuletzt die Petersilie darauf streuen.
(auf dem Foto oben)

## Kressesuppe mit Croûtons

Zubereitungszeit:
ca. 1 Stunde

Für 4 Portionen

**1 Bund Brunnenkresse**
**2 Stangen Lauch**
**5 mittelgroße Kartoffeln**
**1 1/2 EL Butter**
**1 l vegetarische Gemüsebrühe**
**2 Scheiben Vollkorntoastbrot**
**etwas Kräutersalz**
**130 g Schmand (saure Sahne extra)**

**1.** Die Brunnenkresse waschen und trockentupfen. Blätter und Stiele getrennt hacken. Den Lauch putzen, waschen und dann den weißen Teil in Ringe schneiden (das Grün nicht verwenden). Die Kartoffeln schälen und kleinwürfeln.
**2.** Dann 1 Eßlöffel der Butter in einem Topf erhitzen und die Kressestengel sowie die Lauchringe darin andünsten.
**3.** Die Kartoffeln mit in den Topf geben, die Brühe hinzugießen und alles zugedeckt etwa 30 Minuten köcheln lassen.
**4.** Inzwischen die Toastbrotscheiben in kleine Würfel schneiden und in einer beschichteten Pfanne in einem 1/2 Eßlöffel der Butter goldgelb rösten.
**5.** Die Suppe mit dem Schneidstab pürieren. Sie dann mit dem Kräutersalz abschmecken. Die Kresseblätter und den Schmand in die noch heiße, aber nicht mehr kochende Suppe einrühren.
**6.** Die Suppe auf Suppentassen oder -teller verteilen und mit den heißen Croûtons bestreuen.
(auf dem Foto unten)

## Kalte Gurkensuppe mit Knoblauch

Zubereitungszeit:
ca. 30 Minuten

Für 4 Portionen

**5 Knoblauchzehen**
**etwas Vollmeersalz**
**5 Frühlingszwiebeln**
**$^1/_2$ l Vollmilch**
**250 g Vollmilchjoghurt**
**1 Schuß trockener Weißwein**
**500 g Salatgurke**
**Saft von $^1/_2$ Zitrone**
**etwas Kräutersalz**
**evtl. 1 TL Ahornsirup**
**2 EL gehackter Dill**

**1.** Die Knoblauchzehen schälen und zusammen mit wenig Vollmeersalz im Mörser zerdrücken.
**2.** Die Frühlingszwiebeln putzen, waschen und sehr fein würfeln. Sie dann unter die Knoblauchpaste mischen.
**3.** Milch, Joghurt und Weißwein mit einem Schneebesen in einer Schale verquirlen. Dann die Knoblauch-Zwiebel-Paste darunterrühren.
**4.** Die Gurke waschen, putzen. Einige dünne Scheiben davon abschneiden und zum Garnieren beiseite legen. Die restliche Gurke mittelfein reiben und in die Suppe geben.
**5.** Die Suppe mit Zitronensaft, Kräutersalz und eventuell Ahornsirup pikant abschmecken.
**6.** Die Suppe auf vier Schälchen oder Suppenteller verteilen, mit den beiseite gelegten Gurkenscheiben garnieren und mit dem Dill bestreuen.

## Karottensuppe mit Krabben

Zubereitungszeit:
ca. 40 Minuten

Für 4 Portionen

**3 Frühlingszwiebeln**
**500 g Karotten**
**1 EL Butter**
**350 ml Fischfond aus dem Glas**
**100 ml trockener Weißwein**
**5 EL Mascarpone (italienischer Frischkäse)**
**etwas Vollmeersalz**
**etwas Kräutersalz**
**1 Msp. Cayennepfeffer**
**etwas Zitronensaft**
**150 g geschälte Krabben**
**2 Bund Dill**

**1.** Die Zwiebeln putzen, waschen und kleinwürfeln. Die Karotten schälen, putzen und in dünne Scheiben schneiden.
**2.** Die Butter in einem Topf erhitzen und die Zwiebeln sowie die Karotten darin glasig dünsten. Den Fischfond angießen und alles zugedeckt bei mittlerer Hitze etwa 15 Minuten köcheln lassen.
**3.** Das Gemüse in der Brühe mit dem Schneidstab pürieren. Den Weißwein dazugießen und die Mascarpone mit einem Schneebesen darunterschlagen. Alles etwa 5 Minuten köcheln lassen.
**4.** Die Suppe mit Vollmeersalz, Kräutersalz, Cayennepfeffer und Zitronensaft pikant abschmecken. Die Krabben darunterrühren und nur kurz in der Suppe erwärmen. Zwei Drittel von dem Dill in die Suppe einrühren.
**5.** Die Suppe in Teller oder Suppentassen füllen und mit dem restlichen Dill bestreuen.
(auf dem Foto oben)

## Lachs-Zucchini-Suppe

Zubereitungszeit:
ca. 45 Minuten

Für 4 Portionen

**5 mittelgroße Zucchini**
**1–2 EL Butter**
**1/2 l vegetarische Gemüsebrühe**
**170 g Sahne**
**1–2 EL Schmand (saure Sahne extra)**
**etwas Vollmeersalz**
**etwas Kräuter- oder Gewürzsalz**
**1 EL Zitronensaft**
**4 kleine Dillzweige**
**4 dünne Scheiben frischer Lachs à 50 g**

**1.** Die Zucchini putzen, schälen und in Würfel schneiden.
**2.** Etwas von der Butter in einem Topf erhitzen und die Zucchiniwürfel darin andünsten. Die Gemüsebrühe angießen und alles etwa 10 Minuten zugedeckt köcheln lassen.
**3.** Dann die Sahne, den Schmand sowie die restliche Butter in die Suppe einrühren und diese mit Salz, Kräuter- oder Gewürzsalz und Zitronensaft abschmecken. Die Suppe mit dem Schneidstab oder im Mixer fein pürieren.
**4.** Den Dill waschen und trockentupfen. Jeweils 1 Lachsstück in einen Suppenteller geben, die heiße Suppe darübergießen und mit je 1 Dillzweig garnieren.
(auf dem Foto unten)

# Quarkklöße

Zubereitungszeit:
ca. 30 Minuten

Für 2 Portionen

**2 Scheiben Vollkornbrot**
**400 g Speisequark**
**40 g Dinkelflocken**
**40 g Weizenvollkorngrieß**
**2 Knoblauchzehen**
**etwas Kräutersalz**
**1 gehackte Zwiebel**
**etwas vegetarische Gemüsebrühe (Instantpulver)**
**100 g Butter**
**1 EL Schnittlauchröllchen**
**1 EL gehackte Petersilie**
**1 TL Dill**

**1.** Das Vollkornbrot im Toaster rösten, dann in kleine Würfel schneiden.
**2.** Den Quark zusammen mit den Dinkelflocken und dem Weizengrieß im Mixer pürieren.
**3.** Den Knoblauch schälen und feinhacken. Knoblauch, Zwiebelwürfel sowie etwas Kräutersalz und Instantgemüsebrühe zur Quarkmischung geben und alles nochmals kurz pürieren. Es muß ein zäher Teig entstehen.
**4.** Aus dem Quarkteig mit feuchten Händen kleine Klöße formen. Jeweils eine Mulde hineindrücken, einige geröstete Brotwürfel hineingeben und die Mulde wieder verschließen.
**5.** Die Klöße in leicht kochendem Salzwasser garen, bis sie an der Oberfläche schwimmen.
**6.** Inzwischen die Butter bei milder Hitze schmelzen lassen. Die gehackten Kräuter hineinrühren.
**7.** Die Klöße aus dem Kochwasser nehmen, gut abtropfen lassen und auf die Teller geben. Die Kräuterbutter angießen.

## Karotten-Quark-Bratlinge

Zubereitungszeit:
ca. 45 Minuten

Für 4 Portionen

**500 g Karotten**
**1 Rosmarinzweig**
**etwas Vollmeersalz**
**100 g Magerquark**
**150 g kernige Haferflocken**
**50 g geriebener Schnittkäse mit mind. 60 % Fett i.Tr.**
**1 EL gehackte Petersilie**
**etwas Kräutersalz**
**2 EL Sonnenblumenkerne**
**1 EL kaltgepreßtes Olivenöl**

**1.** Die Karotten schälen, putzen und in kleine Stücke schneiden. Sie dann in wenig Wasser zusammen mit dem Rosmarinzweig und etwas Salz in etwa 15 Minuten weich kochen.
**2.** Die Karottenstücke abtropfen lassen, den Rosmarinzweig entfernen. Die Karotten zusammen mit dem Quark im Mixer fein pürieren. Dann Haferflocken, Käse und Petersilie daruntermischen und die Bratlingmasse mit Kräutersalz abschmecken.
**3.** Aus der Karottenmasse mit feuchten Händen 4 Bratlinge formen. Diese in den Sonnenblumenkernen wenden und sie gut andrücken.
**4.** Das Öl in einer beschichteten Pfanne erhitzen und die Bratlinge darin bei mittlerer Hitze von beiden Seiten 3 bis 4 Minuten goldbraun braten.

### Tip

Servieren Sie dazu einen kleinen neutralen Salat.

## Vierkornfladenbrote

Zubereitungszeit:
ca. 50 Minuten
Zeit zum Gehen:
ca. 1 Stunde

Für 4 Fladen

**160 g Dinkelvollkornmehl**
**150 g Roggenvollkornmehl**
**150 g Gerstenvollkornmehl**
**40 g Maismehl**
**1 Knoblauchzehe**
**1/2 Würfel frische Hefe (20 g)**
**1 EL Vollmeersalz**
**1 EL kaltgepreßtes Pflanzenöl**
**2 EL Mohn**

**1.** Die Mehle zusammen in eine große Schüssel geben. Die Knoblauchzehe schälen, zerdrücken und zum Mehl geben.
**2.** Die Hefe zerbröckeln und in etwa 120 ml lauwarmem Wasser vollständig auflösen. Das Vollmeersalz ebenfalls in 120 ml lauwarmem Wasser auflösen. Beide Flüssigkeiten zusammen mit dem Öl zum Mehl geben und alles gut verkneten.
**3.** Den Teig etwa 10 Minuten kräftig kneten. Ihn dann abdecken und etwa 30 Minuten bei Zimmertemperatur gehen lassen, bis sich sein Volumen verdoppelt hat.
**4.** In der Zwischenzeit ein großes Blech mit Backpapier auslegen.
**5.** Den gegangenen Hefeteig weitere 2 bis 3 Minuten kräftig kneten. Ihn dann zu runden, flachen Fladen ausrollen und diese auf das Backblech legen. Die Teigfladen mit einem Küchentuch abdecken und erneut etwa 30 Minuten bei Zimmertemperatur gehen lassen. Den Backofen auf 220° C vorheizen.
**6.** Die Fladen mit etwas lauwarmem Wasser bepinseln und mit dem Mohn bestreuen. Dann im Ofen auf der mittleren Schiene 10 bis 15 Minuten backen. Dabei eine Tasse mit heißem Wasser mit in den Ofen stellen.
**7.** Die Fladen sind durchgebacken, wenn sie beim Klopfen auf die Unterseite hohl klingen.

## Zucchinipuffer

Zubereitungszeit:
ca. 30 Minuten

Für 4 Portionen

**2 mittelgroße Zucchini (ca. 400 g)**
**1 kleine Zwiebel**
**1 Knoblauchzehe**
**1/2 Bund Petersilie**
**100 g Schafskäse (Feta)**
**1 Eigelb**
**etwas Vollmeersalz**
**etwas Kräutersalz**
**1 EL kaltgepreßtes Pflanzenöl**

**1.** Die Zucchini waschen, putzen und grob raspeln.
**2.** Die Zwiebel und die Knoblauchzehe schälen und beides in kleine Würfel schneiden. Die Petersilie waschen, trockentupfen und fein hacken. Den Schafskäse mit einer Gabel fein zerdrücken.
**3.** Die vorbereiteten Zutaten miteinander mischen. Das Eigelb verquirlen und sorgfältig unter die Gemüsemischung heben. Die Gemüsemasse mit Vollmeer- und Gewürzsalz sehr pikant abschmecken.
**4.** Das Öl in einer beschichteten Pfanne erhitzen. Mit einem Eßlöffel von der Gemüsemasse kleine Häufchen in die Pfanne setzen und diese mit dem Löffelrücken flachdrücken.
**5.** Die Zucchinipuffer von beiden Seiten jeweils 3 bis 4 Minuten bei mittlerer Hitze braten. Sie dann auf Küchenkrepp kurz abtropfen lassen.

## Avocadoaufstrich

Zubereitungszeit:
ca. 20 Minuten

Für 4 Portionen

**2 kleine, sehr weiche Avocados**
**2 mittelgroße Zwiebeln**
**2 hartgekochte Eigelbe**
**1 Prise Vollmeersalz**
**etwas kaltgepreßtes Pflanzenöl**
**1 EL gehackter Borretsch**

**1.** Die Avocados der Länge nach halbieren und die Steine entfernen. Das Fruchtfleisch mit einem Eßlöffel aus der Schale herauslösen und mit einer Gabel fein zerdrücken. Die Zwiebeln schälen und sehr fein hacken.
**2.** Das Avocadofleisch mit Eigelben, Zwiebel, Salz, etwas Öl und Borretsch gut verrühren.

### Tips

- Dieser Avocadoaufstrich sollte sofort nach der Zubereitung verzehrt werden, denn durch längeres Stehen verfärbt er sich unansehnlich braun.
- Besonders fein wird der Aufstrich, wenn Sie ihn mit dem Schneidstab fein pürieren.
- Servieren Sie den feinen Aufstrich zu den Vierkornfladenbroten (Rezept Seite 92).

# Hauptgerichte

## Dinkelauflauf mit Gemüse

Quellzeit: ca. 10 Stunden oder über Nacht
Zubereitungszeit: ca. $2\,^1/_4$ Stunden

Für 4 Portionen

**100 g Dinkel**
**ca. 1 kg Gemüse der Saison (z.B. Auberginen, Zucchini, Paprikaschoten, Sellerie, Karotten)**
**1 Würfel vegetarische Gemüsebrühe**
**1 Prise Vollmeersalz**
**etwas Butter für die Form**
**3 Eigelb**
**100 g Schmand (saure Sahne extra, 24% Fett)**
**100 g geriebener Käse mit mehr als 60% Fett i.Tr. (z.B. Butterkäse)**
**1 EL Butter oder Reformmargarine**
**einige Basilikum- oder Kerbelblättchen**

**1.** Den Dinkel etwa 10 Stunden zugedeckt in $^1/_4$ l Wasser quellen lassen.
**2.** Danach das Gemüse waschen, putzen, gegebenenfalls schälen und in kleine Würfel schneiden. Die Gemüsewürfel dann in nur wenig Wasser zusammen mit dem Gemüsebrühwürfel und etwas Meersalz bei milder Hitze knapp bißfest dünsten. Den Backofen auf 180° C vorheizen.
**3.** Inzwischen den Dinkel zusammen mit dem Einweichwasser bei milder Hitze etwa $^1/_2$ Stunde garen, dann etwa $^1/_2$ Stunde neben dem Herd nachquellen lassen.
**4.** Eine große Auflaufform ausfetten. Den Dinkel mit dem Gemüse mischen und in die Form geben.
**5.** Die Eigelbe mit dem Schmand und dem Käse gründlich verquirlen und über den Auflauf gießen. Die Butter in Flocken darauf setzen.
**6.** Den Auflauf im Ofen auf der mittleren Schiene etwa 35 Minuten backen. Inzwischen die Kräuterblättchen waschen, trokkentupfen und dann grob hacken. Den fertigen Auflauf damit bestreuen.

# Dinkelbratlinge mit Paprika-Mais-Gemüse

Zubereitungszeit:
ca. 1 $^{1}/_{4}$ Stunden

Für 4 Portionen

**Für die Bratlinge:**
**2 mittelgroße Zwiebeln**
**2 TL Butter**
**150 g mittelfein geschroteter Dinkel**
**4 EL Schmand (saure Sahne extra)**
**etwas Muskatnuß**
**$^{1}/_{2}$ TL gehackter Thymian**
**ca. 2 TL vegetarische Gemüsebrühe (Instantpulver)**
**1 EL kaltgepreßtes Pflanzenöl**

**Für das Gemüse:**
**2 grüne Paprikaschoten**
**2 rote Paprikaschoten**
**1 Gemüsezwiebel**
**1 Knoblauchzehe**
**80 g TK-Maiskörner**
**1 EL kaltgepreßtes Pflanzenöl**
**etwas Vollmeersalz**
**1 TL Kräuter der Provence**
**100 ml lieblicher Weißwein**

**Außerdem:**
**3 EL gehackte Petersilie**
**2 TL Sesamkörner**

**1.** Für die Bratlinge die Zwiebeln schälen und sehr fein würfeln. Die Butter in einem Topf schmelzen lassen und die Zwiebeln darin andünsten.
**2.** Dann etwas Dinkelschrot darüberstreuen, 450 ml Wasser angießen, das restliche Schrot dazugeben und alles zugedeckt bei milder Hitze quellen lassen, bis der Dinkel die Flüssigkeit vollständig aufgenommen hat (dauert etwa 30 Minuten).
**3.** Den Schmand unter die Dinkelmasse rühren, alles mit Muskat, Thymian und Instantpulver würzen.
**4.** Für das Gemüse die Paprikaschoten waschen, putzen und in breite Streifen schneiden. Die Gemüsezwiebel und den Knoblauch schälen und beides würfeln. Den Mais nur kurz in kochendem Wasser blanchieren.
**5.** Nur wenig von dem Öl in einer beschichteten Pfanne erhitzen und den Knoblauch darin andünsten. Paprikastreifen, Zwiebelwürfel und Mais hinzufügen und ebenfalls andünsten.
**6.** Das Gemüse leicht salzen und mit den Kräutern der Provence bestreuen. Den Wein dazugießen und alles bei schwacher Hitze etwa 15 Minuten zugedeckt dünsten. Dann das restliche Öl hinzufügen.
**7.** Aus der Dinkelmasse Bratlinge formen. Etwas Pflanzenöl in einer beschichteten Pfanne erhitzen und die Bratlinge darin goldbraun braten.
**8.** Die Bratlinge zusammen mit dem Gemüse auf Tellern anrichten. Alles mit der Petersilie und dem Sesam bestreuen.

## Variation

Eine Eiweißmahlzeit erhalten Sie, wenn Sie das Gemüse zusammen mit Rinderfiletsteaks (pro Person etwa 150 g Steak) servieren. Lassen Sie dann den Mais weg, denn er gehört in die Kohlenhydratgruppe.

## Dinkel-Gemüse-Pfanne

Quellzeit: 12 Stunden oder über Nacht
Zubereitungszeit: ca. 1 $^1/_2$ Stunden

Für 4 Portionen

**200 g Dinkelkörner**
**1,2 kg Gemüse der Saison (z.B. Paprikaschoten, Karotten, Lauch, Zwiebeln, Zucchini, Staudensellerie, Blumenkohl)**
**1 Knoblauchzehe**
**1 Bund Schnittlauch**
**1 Bund frische Kräuter der Saison**
**150 g Naturjoghurt**
**50 g Sahne**
**5 EL Butter**
**etwas Kräutersalz**

**1.** Den Dinkel etwa 12 Stunden oder über Nacht in 400 ml Wasser quellen lassen. Am nächsten Tag den Dinkel im Einweichwasser etwa $^1/_2$ Stunde zugedeckt bei milder Hitze garen. Dann etwa $^1/_2$ Stunde neben dem Herd nachquellen lassen.
**2.** Inzwischen das Gemüse putzen, waschen, gegebenenfalls schälen und kleinschneiden.
**3.** Die Knoblauchzehe schälen und durchpressen. Den Schnittlauch und die anderen Kräuter waschen, trockentupfen und kleinhacken.
**4.** Joghurt und Sahne miteinander verrühren. Den Knoblauch und die Kräuter daruntermischen und die Sauce bis zum Servieren kalt stellen.
**5.** Wenn der Dinkel gar ist, das Gemüse in 1 Eßlöffel der Butter andünsten. Dann den Dinkel und 50 ml Wasser dazugeben und alles zusammen so lange zugedeckt dünsten, bis das Gemüse bißfest gegart ist.
**6.** Die Dinkel-Gemüse-Pfanne mit Kräutersalz abschmecken und die restlichen 4 Eßlöffel Butter darunterrühren. Die Kräutersauce dazu reichen.

## Spaghettitopf Triest

Zubereitungszeit: ca. 1 Stunde

Für 4 Portionen

**250 g Vollkornspaghetti**
**1 große grüne Paprikaschote**
**1 große Zwiebel**
**½ Bund Petersilie**
**250 g Champignons**
**1 EL kaltgepreßtes Pflanzenöl**
**2 EL Hefeflocken**
**2 EL geriebener Butterkäse (60% Fett i.Tr.)**
**etwas Kräutersalz**
**1 Knoblauchzehe**
**2 EL Sahne**
**etwas Butter für die Form**
**1 EL Butterflöckchen**

**1.** Die Spaghetti in reichlich Wasser bißfest kochen. Inzwischen die Paprikaschote waschen, putzen und in Streifen schneiden. Die Zwiebel schälen und in kleine Würfel schneiden. Die Petersilie waschen, trockentupfen und fein hacken. Die Champignons waschen, putzen und in Scheiben schneiden.
**2.** Nur wenig von dem Öl in einem Topf erhitzen und das Gemüse sowie die Champignons darin kurz andünsten. 2 bis 3 Eßlöffel Wasser dazugeben und alles zugedeckt bei milder Hitze etwa ¼ Stunden dünsten. Dann das restliche Öl darunterrühren.
**3.** Während das Gemüse gart, die Nudeln abgießen, abtropfen lassen und mit der Hälfte der Hefeflocken, dem Käse und der Petersilie mischen. Mit Kräutersalz abschmecken. Den Backofen auf 180° C vorheizen.
**4.** Die Knoblauchzehe schälen, grob hacken und in etwas Kräutersalz zerdrücken. Die Sahne darunterrühren.
**5.** Eine große Auflaufform einfetten und die Hälfte der Spaghetti hineingeben. Das Gemüse darauf verteilen und mit den restlichen Spaghetti bedecken.
**6.** Die Sahnemischung über den Auflauf gießen. Die Hefeflocken und die Butterflöckchen darauf geben und den Auflauf etwa 20 Minuten im Backofen garen.
Dazu paßt ein frischer, neutraler Salat.

## Mangoldlasagne

Zubereitungszeit:
ca. 2 Stunden

Für 4 Portionen

**500 g Mangold**
**300 g Karotten**
**2 EL Butter**
**etwas Zitronensaft**
**2 Knoblauchzehen**
**etwas Vollmeersalz**
**etwas Kräutersalz**
**etwas geriebene Muskatnuß**
**1 EL Dinkelvollkornmehl**
**400 ml Milch**
**120 g mittelalter Rahmgouda (60% Fett i. Tr.)**
**120 g Lasagneblätter**
**Butter für die Form**

**1.** Vom Mangold die Blätter abzupfen, waschen und die harten weißen Stiele herausschneiden.
**2.** Die Karotten schälen, putzen und grob raspeln. Sie dann in $^1/_2$ Eßlöffel der Butter kurz andünsten und mit Zitronensaft und Salz sowie Kräutersalz abschmecken.
**3.** Dann 1 Eßlöffel der Butter in einem großen Topf erhitzen. Den Knoblauch schälen, durch eine Presse drücken und in der Butter andünsten. Den Mangold dazugeben und etwa 10 Minuten zugedeckt garen. Mit Vollmeersalz und etwas Muskat abschmecken.
**4.** Den restlichen $^1/_2$ Eßlöffel der Butter in einem Topf schmelzen lassen. Das Mehl hinzufügen und goldgelb anschwitzen. Die Milch unter Rühren langsam hinzugießen, so daß eine sämige Sauce entsteht. Diese etwa 10 Minuten bei milder Hitze köcheln lassen. Dann den Käse hineinrühren.
**5.** Den Backofen auf 180° C vorheizen. Die Lasagneblätter einzeln in Salzwasser bißfest kochen und nebeneinanderliegend auf einem Küchentuch abtropfen lassen. Eine große Auflaufform mit der Butter einfetten.
**6.** Auf den Boden der Form eine Schicht Lasagneblätter verteilen. Darauf abwechselnd Karotten, Béchamelsauce, Nudeln, Mangold, Béchamelsauce und Nudeln geben. Mit Nudeln und Sauce abschließen.
**7.** Die Lasagne im Backofen auf der mittleren Schiene etwa 1 Stunde backen. Falls die Oberfläche zu schnell dunkel wird, die Lasagne mit Alufolie abdecken.
(auf dem Foto oben)

## Knödel mit Lauchgemüse

Zubereitungszeit:
ca. 1 Stunde

Für 4 Portionen

**800 g gekochte Pellkartoffeln vom Vortag**
**150–200 g grober Haferschrot**
**$^1/_2$ Bund Petersilie**
**2 Eigelb**
**etwas Vollmeersalz**
**etwas geriebene Muskatnuß**
**2 l vegetarische Gemüsebrühe**
**2 große Zwiebeln**
**400 g Lauch**
**2 EL Butter**
**50 g Sahne**
**etwas abgeriebene Schale einer unbehandelten Zitrone**

**1.** Die Kartoffeln schälen und fein raspeln. Die Petersilie waschen und fein hacken.
**2.** Haferschrot, Petersilie, Eigelbe und Kartoffelraspel zu einem Teig verkneten und mit Salz und Muskat würzig abschmecken.
**3.** Aus dem Kartoffelteig mit feuchten Händen 8 Knödel formen und diese in der Gemüsebrühe 15 bis 20 Minuten bei milder Hitze ziehen lassen. Die Knödel sind gar, wenn sie an der Oberfläche schwimmen.
**4.** In der Zwischenzeit die Zwiebeln schälen und in kleine Würfel schneiden. Den Lauch putzen, waschen und in sehr feine Streifen schneiden.
**5.** Zwiebeln und Lauch in $^1/_2$ Eßlöffel der Butter kurz andünsten, dann mit Salz und Muskat abschmecken. Die Sahne hinzugießen und alles kurz köcheln lassen, bis der Lauch weich ist. Dann die restliche Butter daruntermischen.
**6.** Die fertigen Knödel aus der Brühe nehmen, abtropfen lassen, mit der Zitronenschale bestreuen und zusammen mit dem Lauchgemüse servieren.
(auf dem Foto unten)

# Zucchini mit Grünkernfüllung

Zubereitungszeit:
ca. 1 $^{1}/_{4}$ Stunden

Für 4 Personen

**250 g frisch geschroteter Grünkern**
**2 Lorbeerblätter**
**etwas Vollmeersalz**
**1 kg Zucchini**
**1 $^{1}/_{2}$ TL Kräutersalz**
**etwas Butter für die Form**
**1 Bund frische Kräuter der Saison**
**2 Eigelbe**
**1–2 TL Kräutersenf**
**1 TL Paprikapulver edelsüß**
**4 TL gehackter Majoran**
**2 Knoblauchzehen**
**1–2 EL geriebener Butterkäse (60% Fett i. Tr.)**
**1 Bund Petersilie zum Garnieren**

**1.** Den Grünkern zusammen mit den Lorbeerblättern, etwas Salz und $^{1}/_{2}$ l Wasser unter ständigem Rühren zum Kochen bringen. Ihn dann zugedeckt bei milder Hitze etwa 20 Minuten quellen lassen.
**2.** Inzwischen die Zucchini waschen, putzen und der Länge nach halbieren. Die Kerne mit einem Eßlöffel herausschaben. Die Zucchini leicht mit Kräutersalz würzen und in eine ausgefettete, flache Auflaufform legen. Den Backofen auf 200° C vorheizen.
**3.** Die gemischten Kräuter waschen, trockentupfen und fein hacken. Die Grünkernmasse etwas abkühlen lassen, die Lorbeerblätter entfernen. Dann Eigelbe, Gewürze, Kräuter, Kräutersenf und den Käse darunterrühren.
**4.** Die Knoblauchzehe schälen, durch eine Presse drücken und unter die Grünkernmasse mischen. Diese in die Zucchinihälften füllen und alles im Ofen auf der untersten Schiene 20 bis 30 Minuten backen.
**5.** Die Petersilie waschen, abtropfen lassen und kleinhacken. Die überbackenen Zucchini vor dem Servieren damit bestreuen.

## Kohlrabi mit Käse-Nuß-Füllung

Zubereitungszeit:
ca. 1 $^1/_4$ Stunden

Für 4 Portionen

**4 mittelgroße Kohlrabi**
**etwas Vollmeersalz**
**$^1/_2$ kleine Zwiebel**
**1 EL kaltgepreßtes Sonnenblumenöl**
**1 Knoblauchzehe**
**50 g geriebener Gouda oder Emmentaler (45 % Fett i. Tr.)**
**50 g gehackte Haselnüsse**
**2 Eier**
**etwas geriebene Muskatnuß**
**etwas Butter für die Form**

**1.** Die Kohlrabi schälen, putzen und etwa 10 Minuten in kochendem Salzwasser garen.
**2.** Inzwischen die Zwiebelhälfte schälen, in kleine Würfel schneiden und in einer Pfanne in etwas Sonnenblumenöl kurz andünsten. Die Knoblauchzehe schälen, durch eine Presse drücken, zu den Zwiebelwürfeln geben und kurz mitdünsten.
**3.** Den Backofen auf 200° C vorheizen. Die Kohlrabi mit einem Teelöffel oder Messer vorsichtig aushöhlen und das herausgelöste Fruchtfleisch kleinwürfeln.
**4.** Den geriebenen Käse mit den Nüssen, den Eiern, der Zwiebel-Knoblauch-Mischung, dem restlichen Öl und dem kleingeschnittenen Kohlrabifruchtfleisch mischen. Mit Salz und Muskat pikant abschmekken. Die Nußmischung in die ausgehöhlten Kohlrabi geben.
**5.** Die gefüllten Kohlrabi in eine ausgefettete, flache Auflaufform setzen und im Ofen 30 bis 40 Minuten garen.

## Überbackener Lauch mit Äpfeln

Zubereitungszeit:
ca. 1 1/4 Stunden

Für 4 Portionen

**4 mittelgroße Stangen Lauch**
**3 mittelgroße, eher saure Äpfel**
**1 EL kaltgepreßtes Pflanzenöl**
**50 g Sesamkörner**
**150 g frische Mungobohnenkeimlinge**
**200 g Speisequark**
**200 g Sahne**
**5 Eier**
**etwas Vollmeersalz**
**etwas Kräuter- bzw. Gewürzsalz**
**etwas geriebene Muskatnuß**
**etwas Butter für die Form**

**1.** Den Lauch putzen, waschen und in schmale Ringe schneiden. Die Äpfel schälen und grob raspeln. Den Backofen auf 200° C vorheizen.
**2.** Ein wenig von dem Öl in einer Pfanne erhitzen und den Lauch darin bei mittlerer Hitze dünsten. Dann die geraspelten Äpfel sowie das restliche Öl daruntermischen und alles mit Salz würzen.
**3.** Die Sesamkörner in einer beschichteten Pfanne ohne Fettzugabe goldgelb rösten. Die Mungobohnenkeimlinge waschen und abtropfen lassen.
**4.** Den Quark mit der Sahne und den Eiern verquirlen und mit Vollmeer- und Kräutersalz sowie Muskat würzig abschmecken.
**5.** Die Lauch-Apfel-Mischung in eine große, ausgefettete Auflaufform füllen und mit den Sesamkernen sowie einem Drittel der Keimlinge bestreuen. Dann die Quarkmasse darübergießen.
**6.** Den Auflauf im Ofen auf der mittleren Schiene 35 bis 40 Minuten backen.
**7.** Die restlichen Mungobohnenkeimlinge über den fertigen Auflauf streuen.

## Kalbsschmorfleisch mit Gemüsesauce

Zubereitungszeit:
ca. 1 3/4 Stunden

Für 4 Portionen

**600 g Kalbfleisch zum Schmoren, z. B. Schulter, Halsstück oder Haxe (ohne Knochen)**
**1 unbehandelte Zitrone**
**1 Bund gemischte Kräuter (z. B. Estragon, Majoran)**
**3 mittelgroße Zwiebeln**
**2 Knoblauchzehen**
**3 Karotten**
**1 Stück Sellerie (ca. 100 g)**
**4 Tomaten**
**2 EL kaltgepreßtes Pflanzenöl**
**etwas Vollmeersalz**
**1/2 l trockener Weißwein**
**1/2 Bund Petersilie zum Garnieren**

**1.** Das Fleisch in Scheiben schneiden. Die Schale der Zitrone fein abreiben, die Frucht dann auspressen. Die Kräuter waschen und in ein Leinen- oder Mullsäckchen geben. Dieses zubinden. Die Zwiebeln und den Knoblauch schälen und in Scheiben schneiden.
**2.** Die Karotten und das Selleriestück schälen, putzen und in kleine Würfel schneiden. Die Tomaten über Kreuz einritzen, kurz mit heißem Wasser überbrühen, kalt abschrecken und enthäuten. Anschließend 3 Tomaten in Würfel schneiden, die vierte mit dem Schneidstab pürieren.
**3.** Die Zwiebeln in einem Schmortopf in dem Öl glasig dünsten. Das Fleisch sowie Karotten-, Sellerie- und Tomatenwürfel dazugeben und alles 2 bis 3 Minuten braten.
**4.** Die Fleischmischung mit Salz würzen. Dann die Kräuter im Säckchen, Zitronenschale und -saft, Wein und die pürierte Tomate dazugeben. Alles mischen und bei milder Hitze zugedeckt etwa 1 Stunde schmoren lassen.
**5.** Das Fleisch herausnehmen und in eine vorgewärmte Schüssel geben. Das Säckchen mit den Kräutern herausnehmen.
**6.** Das Gemüse zusammen mit der Sauce und den Kräutern aus dem Säckchen fein pürieren oder durch ein Sieb streichen. Die Petersilie waschen, trockentupfen und fein hacken.
**7.** Das Fleisch zusammen mit der Gemüsesauce auf Tellern anrichten und mit der Petersilie bestreuen.

## Kalbsfilet mit Gemüse

Zubereitungszeit:
ca. 1 Stunde

Für 4 Portionen

**1 EL kaltgepreßtes Pflanzenöl**
**600 g Kalbsfilet**
**300 g kleine Zwiebeln**
**150 g Champignons**
**500 g Karotten**
**500 g Rosenkohl**
**$^1/_4$ l trockener Weißwein**
**etwas Vollmeersalz**
**etwas Kräutersalz**

**1.** Den Backofen auf 220° C vorheizen. Eine große Auflaufform mit dem Öl auspinseln, das Fleisch hineinlegen und im Ofen auf der mittleren Schiene etwa 20 Minuten braten.
**2.** Inzwischen die Zwiebeln schälen und in kleine Würfel schneiden. Die Champignons putzen, kurz waschen und vierteln. Die Karotten schälen, putzen und in große Stücke schneiden. Den Rosenkohl putzen und waschen.
**3.** Nach den 20 Minuten Bratzeit die Zwiebeln und den Wein zum Fleisch geben und die Backofentemperatur auf 200° C reduzieren. Das Fleisch weitere 10 Minuten garen. Es in dieser Zeit mehrmals mit dem Wein begießen.
**4.** Dann die Pilze zum Fleisch geben und alles weitere 15 Minuten garen. Inzwischen die Karotten und den Rosenkohl in wenig Salzwasser in etwa 15 Minuten bißfest garen.
**5.** Das Fleisch und das Pilz-Zwiebel-Gemüse mit Salz und Kräutersalz abschmekken und zusammen mit dem anderen Gemüse anrichten.
(auf dem Foto oben)

## Hähnchen mit Auberginen

Zubereitungszeit:
ca. 1 $^1/_2$ Stunden

Für 4 Portionen

**8 kleine Zwiebeln**
**1 große Aubergine**
**1–2 Tomaten**
**4 Hähnchenschenkel**
**1 EL Butter**
**1 Zitrone**
**1 EL gehackte Minze**
**etwas Vollmeersalz**
**1 Msp. Zimtpulver**
**1 Msp. geriebene Muskatnuß**
**1 Msp. Ingwerpulver**
**150 g Champignons**

**1.** Die Zwiebeln schälen und in Scheiben schneiden. Die Aubergine waschen, putzen und in Streifen schneiden. Die Tomaten waschen, putzen und in grobe Stücke schneiden.
**2.** Die Hähnchenschenkel in einem Topf in der Butter kurz anbraten. Dann herausnehmen. Die Zwiebeln und die Auberginenstücke kurz im verbliebenen Bratfett andünsten.
**3.** Die Zitrone auspressen. Das Fleisch wieder in den Topf geben. Tomaten, Zitronensaft, Minze und Gewürze hinzufügen. Soviel Wasser dazugießen, daß das Fleisch zur Hälfte bedeckt ist. Alles bei milder Hitze zugedeckt etwa 30 Minuten garen.
**4.** Inzwischen die Champignons kurz waschen, putzen und in Stücke schneiden. Sie nach den 30 Minuten Schmorzeit mit in den Topf geben und alles weitere 30 Minuten ohne Deckel köcheln lassen, damit die Flüssigkeit verdampft und der Geschmack intensiver wird.
(auf dem Foto unten)

## Puten-geschnetzeltes mit Ananas

Zubereitungszeit:
ca. 40 Minuten
Marinierzeit: ca. 1 Stunde

Für 4 Portionen

**400 g Putenbrust**
**2 Knoblauchzehen**
**1 kirschgroßes Stück Ingwer oder 1/2 TL Ingwerpulver**
**6 EL Sojasauce**
**etwas Vollmeersalz**
**etwas Chilipulver**
**1 frische Ananas**
**1 EL kaltgepreßtes Pflanzenöl (Oliven- oder Sonnenblumenöl)**
**200–300 g frische Mungobohnenkeimlinge**
**1 Bund Schnittlauch**

**1.** Das Putenfleisch kurz waschen, trockentupfen und in feine Streifen schneiden.
**2.** Die Knoblauchzehen schälen und zerdrücken. Den Ingwer schälen, sehr klein würfeln und mit 2 Eßlöffeln Sojasauce, etwas Vollmeersalz, Chilipulver und dem Knoblauch verrühren. Das Fleisch in dieser Marinade wenden und für etwa 1 Stunde zugedeckt im Kühlschrank durchziehen lassen.
**3.** Inzwischen von der Ananas den Schopf und den Boden abschneiden. Das verbleibende Mittelstück schälen und in etwa 10 Scheiben schneiden. Die harten Mittelstrünke aus den Scheiben herausschneiden und das Fruchtfleisch in mundgerechte Stücke zerteilen.
**4.** Ein wenig von dem Öl in einer Pfanne erhitzen und das marinierte Putenfleisch darin ganz kurz anbraten. Anschließend die Ananasstücke daruntermischen.
**5.** Die Mungobohnenkeimlinge kurz waschen, abtropfen lassen, mit in die Pfanne geben und darin unter ständigem Wenden anbraten.
**6.** Die Ananaspfanne mit den restlichen 4 Eßlöffeln Sojasauce sowie etwas Chilipulver und Vollmeersalz abschmecken. Das restliche Öl darunterrühren.
**7.** Den Schnittlauch waschen, trockentupfen, in Röllchen schneiden und über das Gericht streuen.

## Seezungenfilets mit Champignon-Zwiebel-Gemüse

Zubereitungszeit:
ca. 45 Minuten

Für 4 Portionen

**8 Seezungenfilets à 50 g**
**Saft von 1 Zitrone**
**200 g Champignons**
**5 Frühlingszwiebeln**
**2 EL Butter**
**100 ml trockener Weißwein**
**etwas Vollmeersalz**
**etwas Kräuter- oder Gewürzsalz**
**evtl. etwas Honig**
**2 EL Schmand (saure Sahne extra)**
**1 Bund Dill**
**1 Bund Petersilie**
**1 unbehandelte Zitrone in Scheiben zum Garnieren**

**1.** Die Seezungenfilets kurz unter fließendem Wasser waschen, mit Küchenkrepp trockentupfen und sie mit etwas Zitronensaft beträufeln.
**2.** Die Champignons putzen, kurz waschen und in sehr dünne Scheiben schneiden. Mit dem restlichen Zitronensaft beträufeln. Die Frühlingszwiebeln waschen, putzen und sehr fein hacken.
**3.** Dann 1 Eßlöffel Butter in einem Topf erhitzen und die Zwiebelwürfel darin glasig dünsten. Die Pilzscheiben hinzugeben und alles so lange garen, bis der austretende Pilzsaft eingekocht ist. Die Pilze mit dem Weißwein ablöschen und diesen fast einkochen lassen.
**4.** Das Pilzgemüse mit Vollmeer- und Kräuter- oder Gewürzsalz sowie eventuell etwas Honig pikant abschmecken. Den Schmand darunterrühren. Anschließend das Pilzgemüse warmstellen.
**5.** Die Seezungenfilets mit Kräuter- und Vollmeersalz würzen. Den restlichen Eßlöffel Butter in einer Pfanne erhitzen und die Fischstücke darin von jeder Seite 2 bis 3 Minuten braten.
**6.** Den Dill und die Petersilie waschen, die groben Stiele entfernen und die Kräuter gut trockentupfen. Jeweils die Hälfte der Petersilie und des Dills fein hacken.
**7.** Die Champignons auf einer vorgewärmten Platte anrichten und mit der gehackten Petersilie bestreuen. Die Seezungenfilets auf die Pilze legen und sie mit dem gehackten Dill bestreuen.
**8.** Die Platte mit den Zitronenscheiben sowie den restlichen Kräuterzweigen garnieren.
(auf dem Foto: oben)

## Fischkoteletts mit Gemüse

Zubereitungszeit:
ca. 1 Stunde

Für 2 Portionen

**1 Bleichsellerie (ca. 400 g)**
**1 EL Butter**
**etwas Vollmeersalz**
**100 ml trockener Weißwein**
**2 feste, große Fleischtomaten**
**6–8 schwarze Oliven**
**4 Basilikumblättchen**
**50 g Mozzarella**
**etwas Butter für die Form**
**2 Kabeljaukoteletts (Tranchen)**
**1 EL kaltgepreßtes Olivenöl**
**etwas Kräuter der Provence**

**1.** Den Bleichsellerie putzen (eventuell die Fäden abziehen), waschen und der Länge nach halbieren.
**2.** Die Butter in einem großen Topf erhitzen. Die Selleriehälften darin kurz andünsten, dann mit Salz würzen und den Weißwein hinzufügen. Den Sellerie bei geringer Hitze zugedeckt etwa 20 Minuten dünsten.
**3.** Zwischenzeitlich die Tomaten über Kreuz einritzen, kurz überbrühen, abschrecken, enthäuten, entkernen und in Würfel schneiden. Die Oliven halbieren und entkernen. Den Backofen auf 180° C vorheizen.
**4.** Die Basilikumblätter waschen, trockentupfen und in Streifen schneiden. Mit den Tomaten- und den Olivenstücken mischen. Alles mit etwas Salz abschmecken.
**5.** Die Mozzarella abtropfen lassen und in dünne Scheiben schneiden. Die Selleriehälften mit den Schnittflächen nach oben in eine ausgefettete feuerfeste Form geben und die Tomatenmischung darüber verteilen. Die Mozzarellascheiben darauf legen.
**6.** Die Fischstücke waschen, trockentupfen und mit Öl und Salz einreiben. Sie dann in eine feuerfeste Form legen, mit etwas Öl beträufeln und mit den Kräutern der Provence bestreuen.
**7.** Die Formen mit dem Fisch und dem Gemüse zusammen in den Ofen stellen und alles etwa 20 Minuten garen beziehungsweise überbacken.
(auf dem Foto: unten)

# Lebensmitteltabelle

(Gehalt an Eiweiß, Fett und Kohlenhydraten in g pro 100 g Lebensmittel)

### Eiweißreiche Lebensmittel

| | Eiweiß | Fett | Kohlen-hydrate |
|---|---|---|---|
| **Fleisch** | | | |
| Kalbfleisch | 21 | 3 | + |
| Rindfleisch, mager | 21 | 7 | 1 |
| Schweinefleisch, mager | 21 | 7 | + |
| Hühnerfleisch, fett | 20 | 6 | + |
| Putenbrust | 24 | 1 | + |
| Gänsefleisch | 15 | 31 | + |
| Mettwurst | 13 | 45 | + |
| Geflügelwurst, mager | 16 | 5 | + |
| Salami | 18 | 50 | + |
| **Fisch** | | | |
| Forelle | 20 | 3 | + |
| Hering | 17 | 15 | + |
| Kabeljau | 17 | 0,4 | + |
| Lachs | 20 | 14 | + |
| Seelachs | 18 | 0,8 | + |
| Fischstäbchen (Tiefkühlkost) | 13 | 4 | 20 |
| **Eier, Milch und Käse** | | | |
| Hühnerei | 20 | 12 | 1 |
| Vorzugsmilch | 3,3 | 4 | 5 |
| Kuhmilch 1,5% Fett | 3,4 | 1,5 | 5 |
| Edamer 30% Fett i. Tr. | 26 | 16 | + |

### Neutrale Lebensmittel

| | Eiweiß | Fett | Kohlen-hydrate |
|---|---|---|---|
| **Gemüse, Pilze und Nüsse** | | | |
| Auberginen | 1 | + | 2,7 |
| Blumenkohl | 2 | + | 3 |
| Brokkoli | 4 | + | 3 |
| Chicorée | 1 | + | 2 |
| Chinakohl | 1 | + | 1 |
| Endiviensalat | 2 | + | 0,3 |
| Feldsalat | 2 | + | 3 |
| Grünkohl (gekocht) | 4,5 | 1 | 4 |
| Gurken | 0,6 | + | 1,5 |
| Karotten | 1 | + | 5 |
| Kohlrabi | 1 | + | 3 |
| Kopfsalat | 1 | + | 2 |
| Lauch | 2 | + | 3 |
| Mangold | 2 | + | 1 |
| Paprikaschoten | 1 | + | 3 |
| Radieschen | 1 | + | 2 |
| Rote Beten | 2 | + | 9 |
| Rotkohl | 2 | + | 3 |
| Schwarzwurzeln | 1 | + | 2 |
| Sellerie | 2 | + | 2 |
| Spargel | 2 | + | 2 |
| Spinat | 3 | + | 1 |
| Tomate | 1 | + | 4 |
| Weißkohl | 1 | + | 5 |
| Wirsing (gekocht) | 2 | 0,4 | 3 |
| Zucchini | 2 | + | 2 |
| Champignons | 3 | + | 3 |
| Haselnüsse | 13 | 61 | 11 |
| Mandeln | 19 | 54 | 9 |
| **Öle und Fette** | | | |
| Butter | 0,7 | 84 | 0,7 |
| Diätmargarine | 0,2 | 80 | + |
| Margarine | 0,2 | 80 | 0,4 |
| Olivenöl | – | 100 | + |
| Sonnenblumenöl | + | 100 | - |
| **Eier, Milchprodukte und Hefe** | | | |
| Hühnereigelb | 16 | 32 | + |
| Buttermilch | 3,5 | 0,5 | 4 |
| Vollmilchjoghurt | 3,3 | 3,5 | 4 |
| Sahne 10% Fett | 3 | 10 | 4 |
| Bäckerhefe | 12,1 | 0,4 | 11,0 |
| Camembert 60% Fett i.Tr. | 18 | 34 | + |

## Kohlenhydratreiche Lebensmittel

| | Eiweiß | Fett | Kohlenhydrate |
|---|---|---|---|
| **Getreide und Getreideerzeugnisse** | | | |
| Naturreis | 7 | 2 | 73 |
| Haferflocken | 14 | 7 | 63 |
| Corn-flakes | 8 | 1 | 80 |
| Nudeln | 13 | 3 | 70 |
| Vollkornbrot | 7 | 1 | 41 |
| Roggenmischbrot | 7 | 1 | 45 |
| Weizenmehl Type 405 | 11 | 1 | 71 |
| **Obst** | | | |
| Ananas | 0,4 | 0,2 | 14 |
| Äpfel | 0,3 | 0,4 | 12 |
| Aprikosen | 1 | + | 10 |
| Aprikosen (getrocknet) | 5 | 0,5 | 56 |
| Bananen | 1 | 0,2 | 21 |
| Birnen | 1 | 0,4 | 13 |
| Erdbeeren | 1 | 0,5 | 6 |
| Kiwis | 1 | 0,6 | 10 |
| Pfirsiche | 1 | + | 9 |
| Pflaumen | 1 | + | 12 |
| Pflaumen (getrocknet) | 2 | 0,6 | 53 |
| Süßkirschen | 1 | 0,4 | 14 |
| Weintrauben | 1 | + | 16 |
| **Gemüse** | | | |
| Kartoffeln (gekocht) | 2 | + | 15 |
| **nicht empfohlene Hülsenfrüchte** | | | |
| Bohnenkerne (getrocknet) | 22 | 2 | 48 |
| Erbsen (getrocknet) | 23 | 2 | 53 |
| Linsen, getrocknet | 24 | 1,4 | 52 |
| (+ = in Spuren, – = nicht vorhanden) | | | |

### Erläuterungen zur Tabelle

In dieser Tabelle können Sie ablesen, wieviel Gramm Eiweiß, Fett und Kohlenhydrate in 100 Gramm der einzelnen Lebensmittel enthalten sind. So fällt es leichter zu verstehen, wieso manche Lebensmittel im Trennungsplan in die Eiweiß-, in die Kohlenhydrat- oder in die neutrale Gruppe gehören. Hier einige Beispiele aus dieser Tabelle zur Verdeutlichung:

Fleisch, Fisch und Eier enthalten viel Eiweiß und mehr oder weniger Fett, aber fast keine Kohlenhydrate. Daher gehören sie in die Eiweißgruppe. Fetter Käse enthält im Vergleich zu magerem mehr Fett und dementsprechend weniger Eiweiß. Daher gehört fetter Käse in die neutrale und magerer in die Eiweißgruppe. Gemüse enthält Eiweiß und Kohlenhydrate in etwa ausgeglichenen, aber sehr geringen Mengen. Daher zählt es zu den neutralen Lebensmitteln. Kartoffeln: ihr Kohlenhydratanteil überwiegt, somit gehören sie der Kohlenhydratgruppe an. Getreide und Getreideerzeugnisse sind sehr kohlenhydratreich und im Vergleich eiweißarm – sie zählen zur Kohlenhydratgruppe. Obst enthält oft mehr Kohlenhydrate als Eiweiß. Da es aber in der Regel viele Fruchtsäuren hat und diese die Kohlenhydratverdauung beeinträchtigen können, wird es zu der Eiweißgruppe gezählt. Diese Zuordnung erfolgt also nicht wegen eines hohen Eiweißgehalts.

# Literaturverzeichnis


Aihara, Herman: Säuren & Basen. Verlag Mahajiva 1988.

Brecht, Eduard A.: Brecht Kochbuch. Für schlemmerhafte Anti-Krankheitskost. Der kompromißlose Weg zur Gesundheit. Brecht Verlag 1976.

Das, Sigrid: Ohne Inweltentgiftung keine ganzheitliche Therapie. Johannes Sonntag Verlag 1989.

Diamond, Harvey und Marilyn: Fit fürs Leben. Goldmann Verlag 1988.

Grant, Doris, Joice, Jean: Food combining for health. Thorsons publishing group 1984.

Hay, W. H.: A new health era. Pocono haven.

Hay, W. H.: What price health. Hay system publications.

Hay, W. H.: How to be always well. Manor books Inc.

Heintze, Thomas: Die Haysche Trennkost bei chronischen Nierenerkrankungen. Ärztezeitschrift für Naturheilverfahren, 31. Jahrgang, Heft 11 (November 1990), Seite 863–865.

Koerber, K. W. von, Männle, T., Leitzmann, C.: Vollwert-Ernährung. Vollkommen neu bearbeitete und erweiterte Auflage 1993, Haug Verlag.

Rauch, Erich: Blut- und Säftereinigung. Milde Ableitungskur. 19. Auflage 1991, Haug Verlag.

Summ, Ursula: Schlank werden nach Dr. Hay, Trennkost. FALKEN 1988.

Summ, Ursula: Die aktuelle Trennkost. FALKEN 1993.

Walb, H. L.: Über die Wirkung der Trennkost, besonders bei Nierenkrankheiten. Zeitschrift „Diaita", Heft 6/1967

Walb, H. L.: Über die Wirkung der Trennkost bei Diabetes. Physikalische Medizin und Rehabilitation (Zeitschrift für allgemeine und spezielle Medizin), 10. Jahrgang, Heft 10 (Oktober 1969).

Walb, H. L.: Diät in der Herztherapie. Physikalische Medizin und Rehabilitation, 17. Jahrgang, Heft 8 (August 1976).

Walb, H. L.: Entschlackung mit Trennkost – 20jährige Erfahrung. Physikalische Medizin und Rehabilitation, 21. Jahrgang, Heft 6 (Juni 1980), Seite 303–307.

Walb, H. L.: Ernährungstherapie mit Trennkost. Physikalische Medizin und Rehabilitation, 25. Jahrgang, Heft 4 (April 1984), Seite 215–219.

Walb, H. L., Heintze, T.: Original Haysche Trennkost. 43. überarbeitete Auflage 1992, Haug Verlag.

Weise, D. O.: Harmonische Ernährung. 4. Auflage 1993, Tabula Smaragdina Verlag.


**Für weiterführende Informationen:**
Klinik Dr. Walb
Überregionales Krankenhaus für Ganzheitsmedizin
Chefarzt Dr. med. Thomas M. Heintze
Internist für Naturheilverfahren und Homöopathie
Am Hohen Berg 20
35315 Homberg/Ohm
Tel.: 0 66 33 / 18 20

# Register

# Rezeptverzeichnis



Erklärung der Symbole
■ = Kohlenhydratgericht
■ = Eiweißgericht
■ = neutrales Gericht

**Danksagung:**
**Für das Korrekturlesen danke ich Frau Selma Edith Lienert, für Hinweise zur Trennkostforschung Herrn Dr. Dieter Walb, für die überaus angenehme Zusammenarbeit dem Verlag. Ein besonderer Dank gebührt Frau Ilse und Herrn Dr. med. Ludwig Walb, ohne deren Vorarbeit dieses Buch nie hätte entstehen können.**

Im FALKEN Verlag sind viele attraktive Titel zum Thema „Trennkost" erschienen. Bitte fragen Sie in Ihrer Buchhandlung.

Dieses Buch wurde auf chlorfrei gebleichtem und säurefreiem Papier gedruckt.

ISBN 3 8068 4771 1



**Umschlaggestaltung:** Peter Udo Pinzer
**Gestaltung:** Christa Johanna Gramm
**Lektorat:** Inge Uffelmann und Birgit Wenderoth
**Redaktion:** Birgit Wenderoth
**Herstellung:** Petra Leupacher
**Titelbild:** TLC-Foto-Studio GmbH, Velen-Ramsdorf (auf dem Foto: Rezept Seite 95, Rezeptvariation)
**Fotos:** Jürgen Bernhardt, Frankfurt/M.: Seite 63; Gisela Kelbert, Idstein: Seite 33 li., Ulrich Niehoff, Bienenbüttel: Seite 34/35; Peter Udo Pinzer, Niedernhausen: Seite 11; H. J. Schwarz, Idstein: Seite 4, 6, 7 re., 9, 26, 60; Silvestris Fotoservice, Kastl/Obb.: Seite 27 u.; Silvestris Fotoservice (Alfred Albinger), Kastl/Obb.: Seite 45; Silvestris Fotoservice (Daniel Bühler), Kastl/ Obb.: Seite 33 re.; Silvestris Fotoservice (Siegfried Herschler), Kastl/Obb.: Seite 29; Silvestris Fotoservice (Eva Lindenburger), Kastl/Obb.: Seite 41 o.; Silvestris Fotoservice (Dr. Gerhard Wagner), Kastl/Obb.: Seite 37; Mark Wunsch, Uelzen: Seite 56; FALKEN Archiv: Eichler + Hofmann: Seite 57/Hans Erhard: Seite 20 u./Wolfgang Feiler: Seite 1, 5 u., 13, 20 o., 43, 47, 48 re., 51 re. o., 108, 112/Photographie Brigitte Harms: Seite 5 o., 24 3. v. o., 24 u., 50 re., 52/Kienitz: Seite 16/ Petra Oetelshofen: Seite 67/Photo-Illustrations Ltd.: Seite 36/ Pool Zöltsch: Seite 19, 28 o./Studio R. Schmitz: Seite 55/Studio Margit Schwarz: Seite 21/T. + E. Creative Fotografie + Styling: Seite 58 u./TLC-Foto-Studio GmbH: Seite 2/3, 7 li., 14, 17, 18, 24 o., 24 2. v. u., 27 o., 28 u., 30, 49, 51 li., 51 re. M., 53 re., 54 o., 58 o., 59, 61, 62, 65, 99 u., 109/Michael Wissing: Seite 10, 24 2. v. o., 50 li., 51 re. u.; alle übrigen Fotos: TLC-Foto-Studio GmbH, Velen-Ramsdorf
**Zeichnung:** Peter Röseler, Emsdetten



**Satz:** DM-SERVICE Mahncke & Pollmeier oHG, Rodgau
**Druck:** Karl Neef GmbH & Co., Wittingen

817 2635 4453

# TRENNUNGSPLAN

**Innerhalb einer Mahlzeit dürfen zur Eiweiß- und zur Kohlenhydratgruppe gehörende Lebensmittel nicht zusammen gegessen werden. Folgende Kombinationen sind aber möglich:**
- **Lebensmittel aus der Eiweißgruppe kombiniert mit solchen aus der neutralen Gruppe**
- **Lebensmittel aus der Kohlenhydratgruppe kombiniert mit solchen aus der neutralen Gruppe**

## Eiweißgruppe

**Alle gegarten Fleischsorten außer Schweinefleisch,** z. B. vom Rind: Braten, Steak, Gulasch, Rouladen, Hackfleischgerichte, Geschnetzeltes;

**vom Kalb:** Schnitzel, Braten, Geschnetzeltes;

**vom Lamm:** Braten, Kotelett, Keule (alle Fleischsorten sollten nur in kleinen Mengen gegessen werden);

**alle gegarten Geflügelsorten,** z. B. Schnitzel, Putenbrust, Geschnetzeltes, Rollbraten, Geflügelbratwurst, Grillhähnchen (auch Geflügelfleisch sollte nur in kleinen Mengen gegessen werden);

**alle gegarten Wurstsorten,** z. B. Rindersaftschinken, Rindersalami, Geflügelwurst (Wurstwaren sollten nur in kleinen Mengen verzehrt werden);

**alle frischen Fischsorten sowie Schalen- und Krustentiere im gegarten Zustand,** z. B. Scholle, Kabeljau, Seelachs, Forelle, Lachs, Thunfisch, Makrele, Heilbutt, Hering, Hecht;

**Milch;**

**alle Käsesorten bis 50% Fett i. Tr.,** z. B. Harzer, Tilsiter, Gouda;

**Eier;**

**Tofu (Sojaprodukt);**

**gekochte Tomaten** (auch aus der Dose);

**gekochter Spinat;**

**folgende Getränke:** Früchtetee, Fruchtsäfte, Apfelwein, trockener und halbtrockener Wein, Sekt, Champagner (alkoholische Getränke bitte nur in Maßen trinken);

**Steinobst,** wie z. B. Aprikosen, Kirschen, Mirabellen, Pfirsiche und Pflaumen;

**Beeren,** z. B. Preiselbeeren, Johannisbeeren, Himbeeren, Erdbeeren, Brombeeren, Stachelbeeren;

**Kernobst,** wie z. B. Äpfel und Birnen;

**Wildfrüchte,** wie Hagebutten, Holunder, Weißdorn, Sanddorn;

**exotische Früchte** (außer Bananen), wie z. B. Ananas, Kiwis, Mangos, Papayas, Passionsfrüchte, Wassermelone, Honigmelone;

**Zitrusfrüchte,** wie Orangen, Grapefruits, Mandarinen, Zitronen, Limetten (Hinweis: Obwohl Zitronensaft zur Eiweißgruppe zählt, darf er in kleinen Mengen auch mit Lebensmitteln aus der Kohlenhydratgruppe kombiniert werden).

## Neutrale Gruppe

Diese Nahrungsmittel dürfen innerhalb einer Mahlzeit entweder mit denen aus der Kohlenhydratgruppe oder mit denen aus der Eiweißgruppe kombiniert werden.

**Folgende Gemüse- und Salatsorten:** Artischocken, Auberginen, Blattsalate, Blumenkohl, Brokkoli, Brunnenkresse, Chicorée, Chinakohl, Feldsalat, Fenchel, Grünkohl, Gurken, Karotten, Knoblauch, Kohlrabi, Kopfsalat, Kürbis, Lauch, Löwenzahn, Mangold, Paprikaschoten, Pastinaken, Peperoni, Radieschen, Rettich, Rosenkohl, rote Beten, Rotkohl, weiße Rüben, Sauerkraut, Sellerie, Spargel, roher Spinat, Steckrüben, rohe Tomaten, Weißkohl, Wirsing, Zucchini, Zwiebeln;

**alle Sprossen und Keimlinge;**

**Pilze:** alle genießbaren Sorten, wie z. B. Champignons, Pfifferlinge und Steinpilze;

**alle angesäuerten Milchprodukte,** z. B. Joghurt, Quark, saure Sahne, Buttermilch und Kefir, Molkosan (vergorenes Molkekonzentrat);

**süße Sahne;**

**Käse mit mindestens 60% Fett i. Tr.,** z. B. Doppelrahmfrischkäse, Rahmgouda, Butterkäse, Camembert;

**alle Weißkäsesorten,** z. B. Schafs- und Ziegenkäse, Mozzarella, körniger Frischkäse;

**folgende Fette:** pflanzliche Öle und Fette, (ungehärtet und naturbelassen), kaltgepreßte Öle aus Samen und Keimen (beispielsweise Weizenkeimöl, Sonnenblumenöl, Maiskeimöl, Olivenöl, Sesamöl, Sojaöl, Traubenkern- oder Walnußöl) und Butter;

**alle Nüsse und Samen** (außer Erdnüssen, denn sie wirken im Körper säurebildend);

**Eigelb;**

**Avocados;**

**Oliven;**

**Hefe;**

**Gewürze,** wie z. B. Vollmeersalz, Kräutersalz, Wild- und Gartenkräuter, Knoblauch, Paprikapulver, Curry, Kümmel, Muskatnuß, gekörnte Gemüsebrühe, Meerrettich (grundsätzlich gilt: Gewürze immer sparsam dosieren);

**alle Geliermittel,** z. B. Agar-Agar (eine pulverisierte Meeresalge; man löst das Pulver in kalter Flüssigkeit auf, erhitzt das Ganze auf 60 bis 80°C und läßt es erkalten), pflanzliche Bindemittel aus Johannisbrotkernmehl (im Naturkostladen oder Reformhaus erhältlich);

**folgende Getränke:** Mineralwasser, Kräutertees und verdünnte Gemüsesäfte.

**Tips:** Saucen für Salate, die zusammen mit einer Eiweißmahlzeit gegessen werden, sollten aus Öl, Sahne (sparsam verwenden), Kräutern und Zitronensaft zubereitet werden. Saucen für mit Kohlenhydratmahlzeiten kombinierte Salate sollten aus angesäuerten Milchprodukten, wie Kefir, Dickmilch, Joghurt und Molkosan, bestehen.
Grundsätzlich sollten fettreiche Lebensmittel und Öl nur sparsam verwendet werden. Hingegen dürfen Sie Obst, Salat und Gemüse reichlich genießen.

## Kohlenhydratgruppe

**Alle Getreidesorten**, wie z. B. Weizen, Dinkel, Roggen, Gerste, Hafer, Grünkern, Mais und Naturreis;

**alle Vollkornerzeugnisse**, wie z. B. Vollkornbrot und Vollkornbrötchen, Vollkornkuchen, Vollkornnudeln, Vollkorngrieß.

**folgende Gemüse- und Obstsorten:** Kartoffeln, Topinambur, Schwarzwurzeln, Bananen, frische Datteln und Feigen, ungeschwefelte Trockenfrüchte, wie Aprikosen, Bananen, Feigen, Rosinen, Korinthen und Sultaninen;

**folgende Süßungsmittel:** Honig, Ahornsirup, Birnen- und Apfeldicksaft, Frutilose, (schonend eingedampfter Obstdicksaft). Hinweis: Grundsätzlich sollten Süßungsmittel zurückhaltend verwendet werden. Obwohl sie zur Kohlenhydratgruppe gehören, dürfen sie in kleinen Mengen auch mit Lebensmitteln aus der Eiweißgruppe kombiniert werden;

**Bier;**

**Verschiedenes:** Carobe (gemahlene Frucht des Johannisbrotbaumes – wird wie Kakao verwendet), Weinsteinbackpulver.

## Gemieden werden sollten:

Weißmehlprodukte, polierter Reis, getrocknete Hülsenfrüchte, Fertiggerichte, Konserven, Zucker, Süßstoffe, Kochsalz, Senf, Fertigsuppen und -saucen, Schweinefleisch, Wurst und Schinken vom Schwein, rohes Fleisch, rohes Eiweiß von Eiern, gehärtete Fette, käufliche Mayonnaise, Essig, Erdnüsse, Marmeladen, geräucherte und gepökelte Fleischwaren, Kaffee, schwarzer Tee, Kakao und hochprozentige Alkoholika.

Aus: „Alles über die Haysche Trennkost" von Dr. med. Thomas M. Heintze


FALKEN